Parlez-nous d’amour

Ouvrages du père Patrice Gourrier

Talitha Koum, Éveille la source qui est en toi !, En collaboration avec Jérôme Desbouchages, Éditions Desclée de Brouwer/Prier, 2001.

40 Jours pour faire fondre nos graisses spirituelles, Éditions Desclée de Brouwer, 2002.

Marana tha, Viens Seigneur, Éditions Desclée de Brouwer, 2002.

Huits Jours pour reprendre souffle, Éditions Prier, 2003.

Huits Jours pour habiter son corps, Éditions Prier, 2004.

J'ai choisi d'être prêtre : un autre regard sur le monde, Entretiens avec Jacques Rigaud, Éditions Flammarion/Desclée de Brouwer, 2003.

Lettre ouverte au prochain pape : face aux barbaries modernes, insouciance ou devoir de révolte ?, Éditions Flammarion/Desclée de Brouwer, 2005.

Huit Jours pour dire Notre Père, Éditions Prier, 2006.

Ouvrages de Brigitte Lahaie

Moi, la scandaleuse, Filipacchi, 1987 ; J'ai lu, 1988.

La Femme modèle, roman, J'ai lu, 1991.

Les Sens de la vie, Michel Lafon, 1994 ; J'ai lu, 1995.

Le Sexe défendu ou le manuel du mieux aimer (*Les Chemins du mieux aimer*) Michel Lafon, 1996 ; J'ai lu 1997.

Contes érotiques de Noël, Collectif, La Musardine, 1998.

Amour passion, Flammarion, 2001.

D'amour et de sexe, Marabout, 2004.

L'Amour et le couple : toutes les réponses à vos questions, Flammarion, 2005 ; J'ai lu, 2006.

Femmes amoureuses (collectif), éditions Blanche, 2005.

Osez le sexe selon les astres, La Musardine, 2005.

So sexe : le nouveau guide amoureux (avec Frédéric Ploton) Seuil, 2006.

Père Patrice Gourrier
Brigitte Lahaie

Parlez-nous d'amour

Deux regards sur le couple, le désir et la sexualité

Flammarion

ISBN : 978-2-0812-0190-3

Merci à Daniel Garcia qui a eu la lourde tâche d'être
un « poseur de questions », permettant ainsi
la confrontation improbable de nos deux regards...

« Il y a toujours du divin dans l'amour charnel[1]. »

(Saint Benoît)

1. Philippe Engelhard, *Citations chrétiennes*, 2006, p. 33.

Préface
par le père Patrice Gourrier

Qu'allait-il faire dans cette galère ?

Lorsque j'ai annoncé à mes parents que j'entreprenais un ouvrage sur l'amour, la sexualité et le désir avec Brigitte Lahaie, ancienne actrice de films pornographiques, j'ai lu dans leurs yeux non seulement de la stupeur, mais aussi une certaine désapprobation.

Lorsque je m'en suis ouvert à mes amis les plus proches, et à quelques paroissiens, j'eus droit, après les rires, à des mises en garde inquiètes compte tenu, selon leurs dires, de l'absence de liberté de pensée régnant actuellement dans l'Église.

C'est pourquoi, et même si je ne partage pas ce point de vue, j'ai cependant décidé de ne pas en parler directement à mon évêque, ne tenant pas à le mettre en difficulté vis-à-vis de certains de ses pairs, à mes yeux moins ouverts.

Pourtant, malgré ces avertissements et le manque d'enthousiasme de certains, c'est avec conviction que j'ai entrepris et mené à son terme ce projet, dont l'idée a germé lors de la Saint-Valentin 2006, fête que nous devons, ne l'oublions pas, au pape Gélase en 498 !

Ce jour-là, en effet, Alain Marshall et Olivier Truchot, coanimateurs des « Grandes Gueules » sur RMC, émission à laquelle je participe régulièrement, avaient demandé à Brigitte Lahaie, animatrice vedette des après-midi de la même station, de se joindre à l'équipe. Brigitte, que je ne connaissais que de réputation, parla – et, je dois l'avouer, j'en fus surpris – avec beaucoup de finesse de la période des fiançailles, qui précède le mariage. Durant ces quelques minutes radiophoniques que nous partageâmes, j'appréciai sa simplicité, son humanité et le désir d'aider les autres qui semblait l'animer. C'est donc tout naturellement que, quelques semaines plus tard, je lui demandai un rendez-vous afin d'envisager avec elle la réalisation d'un ouvrage.

En effet, ainsi que le confirmeront les pages à venir, et même si cela m'a étonné lorsque je suis devenu prêtre, je suis régulièrement confronté, dans le cadre de ma mission de prêtre, à des questions concernant l'amour, mais aussi le plaisir, le désir, et, derrière ces questions, parfois à beaucoup de souffrances.

Brigitte fut surprise de ma demande et réclama un délai de réflexion avant de me donner son accord.

Moi-même, étonné par mon audace, je pris le temps de mûrir le projet car, et j'en suis conscient, l'écriture d'un tel ouvrage constitue un risque. La sexualité, l'amour et le désir font, en effet, partie des concepts les plus difficiles à manier. Nous avons parfois bien du mal à y faire face, cherchant alors quelqu'un pour nous conseiller.

Enfin, aujourd'hui plus que jamais, certains se plaisent à discréditer la parole de l'Église, l'accusant de tous les maux en ce domaine. C'est justement parce que j'en ai assez d'entendre ce discours trop facile que je me suis lancé dans l'aventure, jugée périlleuse par certains.

Que l'on ne se méprenne pas !

Le lecteur ne trouvera ici ni confidences graveleuses ni condamnations. En effet, même si je respecte leur choix, je ne partage pas le point de vue de certains de mes confrères qui se livrent sur les plateaux télé à des confidences complaisantes sur leur sexualité, en quête d'applaudissements et de reconnaissance vite acquise. Bien sûr que le prêtre est un homme. Mais, après sept années de prêtrise, il me semble avoir compris que lorsque quelqu'un vient trouver un prêtre afin de lui confier sa vie et ses questions les plus intimes, il vient en fait à la rencontre d'un Autre. J'ai une trop haute opinion de la mission du prêtre pour ne pas l'oublier, et la réalisation de cet ouvrage s'inscrit totalement, à mes yeux, dans mon activité pastorale.

Toutefois, ceux qui attendront de ce livre des avis définitifs, voire des condamnations, seront déçus. La sexualité, le désir, l'amour imposent la modestie. Je me méfie en ce domaine des condamnations trop faciles. Ne sont-elles pas parfois l'expression chez certains d'un conflit intérieur difficile à gérer, ou de peurs impossibles à exorciser ?

C'est donc en tant que simple prêtre de terrain, confronté à nombre d'évènements difficiles, que je m'exprime, mes propos n'engageant que moi et non la hiérarchie de l'Église.

Ainsi, ce livre a été conçu comme une confrontation entre deux expériences, entre deux regards forcément différents sur l'amour, et ni l'un ni l'autre n'avons cherché un consensus mou.

La marge de manœuvre était donc extrêmement étroite, mais elle n'a en rien entamé mon enthousiasme !

« Mon modèle à moi, c'est le Christ. »

Cette phrase de saint Paul, même si je me sens bien loin de l'idéal qu'elle induit, guide ma vie. Le Christ, Jésus, celui que ses disciples appelaient « Maître », m'a fasciné dès ma plus tendre enfance. J'ai toujours admiré son audace. En effet, dans une société de « bien-pensants », Il n'a pas hésité à quitter le Temple pour annoncer la Bonne Nouvelle, s'adressant à tous, y compris à ceux que la morale de son époque réprouvait, sans crainte des jugements de ses contemporains. Ces derniers ne manquaient d'ailleurs pas de déclarer en parlant de Lui :

« Voilà un glouton et un ivrogne, un ami des collecteurs d'impôts et des pécheurs. » (Évangile selon saint Luc, chapitre 17, verset 34.)

Deux mille ans plus tard, et c'est pour moi un point capital, j'ai été ordonné « pour le service de Dieu et des hommes » et pas uniquement pour 7 % de catholiques pratiquants. Mon cercle d'activités ne se limite donc pas à un groupe d'initiés, à l'église bâtiment, avec sa sacristie adjacente, et je n'ai aucune envie d'être un abbé de cour.

Certes, j'aurais pu choisir d'écrire ce livre avec un autre prêtre ou avec une personnalité du sérail, nombre de mes confrères étant largement plus compétents que moi sur le sujet[1].

En m'associant avec Brigitte Lahaie, j'ai choisi de m'adresser au plus grand nombre.

Le risque est alors, et cela ne manquera pas d'arriver, que certains me reprochent d'avoir publié un ouvrage avec une « femme pécheresse », compte tenu du passé de Brigitte Lahaie. Devançant de telles critiques, j'ai prêché en juin 2007 dans ma paroisse sur ce magnifique Évangile où Jésus, à la stupeur de ses contemporains, n'hésite pas à se laisser laver les pieds par une femme mise au ban de la société. J'ai alors souligné que cette « femme pécheresse », nous l'aimions tous, car elle était un personnage de livre... En revanche, trop souvent, croyants ou non, dès que nous croisons quelqu'un qui ne nous ressemble pas, quelqu'un qui ne mène pas ou qui n'a pas mené une vie comme nous l'entendons au nom de nos principes, nous détournons le regard... Bien peu, ai-je

1. Le père Denis Sonet, Yves Semen, ou Olivier Florent sont auteurs d'ouvrages remarquables que je vous invite à lire.

ajouté ce jour-là, m'ont demandé ce qu'était devenue Brigitte Lahaie après ces deux années de cinéma, et quel était depuis son parcours.

À mes yeux, l'Église n'est pas un « club » de bien-pensants et les chrétiens, les disciples du Christ, ne sont pas des purs, mais des pécheurs convertis ou en voie de conversion. De plus, je n'oublierai jamais ce que l'un de mes supérieurs, anglais d'origine, m'avait dit lorsque je travaillais dans l'édition : « Patrice, cela ne sert à rien d'avoir raison tout seul. » Ainsi, j'estime que plus que jamais, et quels qu'en soient les risques, l'Église ne doit pas céder au syndrome de la citadelle assiégée dont parlait il y a plus de cinquante ans Maurice Zundel, un grand mystique du XXe siècle, « chassant l'hérétique au-dedans et l'infidèle au dehors ». Force de proposition et non dispensatrice de condamnations, l'Église doit proposer un modèle, son modèle, à temps et à contretemps, quitte à prendre le risque de se faire railler par certains.

Aimer vraiment

Pour finir, et c'est une autre raison qui m'a poussé à entreprendre cet ouvrage, il me semble important de nous interroger sur ce que signifie aimer. C'est une vraie question, et je tiens à rendre hommage au pape Benoît XVI qui, dès le début de son pontificat, y a consacré sa première encyclique [1]. Son objectif a été de redonner au mot « amour » sa splendeur d'origine.

---

1. Benoît XVI, *Dieu est amour, Lettre encyclique sur l'amour humain*, Éditions Parole et Silence, 2006.

Préface

« Aujourd'hui le mot “amour” est tellement abîmé, usé, on en a tellement abusé que l'on a presque peur de le laisser effleurer nos lèvres. Il s'agit pourtant d'un mot essentiel, l'expression de la réalité primordiale ; nous ne pouvons pas l'abandonner tout simplement. Nous devons le reprendre, le purifier et le ramener à sa splendeur d'origine, afin qu'il puisse éclairer notre vie et la conduire sur le droit chemin. C'est la conscience de cela qui m'a conduit à choisir l'amour comme thème de ma première encyclique [1]. »

C'est pourquoi, prenons garde ! Les mots sont comme les objets. Si nous les manipulons sans précaution, ils s'abîment et perdent de leur valeur. Ainsi, je me demande si le mot « charité » ne s'est pas vidé de son sens par le non-respect et le mauvais usage de la Parole du Christ. N'oublions pas que Jésus n'a eu de cesse de rappeler que la charité ne consistait pas à donner de son superflu, mais de son essentiel. L'avons-nous suivi dans cette voie ? Je n'en suis pas sûr...

Le mot « amour » que nous utilisons à tort et à travers, dans et hors de l'Église, risque de suivre le même chemin et de se vider de sa substance si nous le prononçons sans le vivre vraiment. Dans une formule un peu lapidaire, et forcément un peu caricaturale, j'ai l'habitude de dire que, depuis que je suis prêtre, j'ai rencontré beaucoup de générosité dans les communautés chrétiennes, moins d'amour...

---

1. Benoît XVI, aux participants d'un symposium organisé par le conseil pontifical « *Cor Unum* », www.news.catholique.org.

Aimer ne consiste à aimer ceux qui nous ressemblent, mais à aller au-delà de nos préjugés.

Si nos communautés chrétiennes ne sont que le miroir du monde dans lequel elles sont immergées, avec les mêmes défauts, alors nous ne serons témoins de rien, si ce n'est de l'intolérance, de la médisance, et du refus de l'étranger que nous trouvons dans la société.

Signalons enfin que dans cet ouvrage, le pape Jean-Paul II est abondamment cité car dans le domaine de l'amour, comme dans bien d'autres domaines (économie, écologie...), il est à mes yeux un prophète, bien loin des caricatures que certains ont tenté de dresser.

Prophète méconnu malheureusement, car bien peu de ceux et celles qui criaient dans les rues après sa mort « *Santo subito* » ont pris le temps de lire ses écrits, ce qui a fait dire, à juste raison, à des journalistes que les catholiques aimaient la musique mais n'écoutaient pas les paroles.

Puisse cet ouvrage donner envie au plus grand nombre de découvrir sa pensée.

En conclusion

Si, malgré mes efforts, j'ai pu blesser quelqu'un dans ces pages, je lui présente dès à présent toutes mes excuses.

Si d'autres s'estiment choqués au motif, selon eux, qu'un prêtre n'a pas à s'exprimer sur ces *choses-là* et que je n'aurais pas dû m'associer avec Brigitte Lahaie pour ce projet, j'espère qu'ils auront compris, au fil des chapitres, mon objectif : m'adresser avec des mots simples à ceux et celles qui n'iront pas lire des ouvrages de spécialistes.

Quant aux irréductibles opposants à un tel projet, et, Dieu soit loué, il y en aura sans doute, l'Église n'étant pas adepte de la pensée unique[1], je les renvoie à l'Évangile, les invitant à méditer ces paroles de Jésus :

« Je vous le dis, c'est la vérité : les employés des impôts et les prostituées entrent avant vous dans le Royaume de Dieu. » (Évangile selon saint Matthieu, chapitre 11, verset 31.)

Alors méfions-nous, et ne devenons pas, sous prétexte de grands principes, comme ces « âmes toutes faites » que décrivait Péguy, sur lesquelles tout glisse, y compris la Grâce de Dieu !

Le 20 août 2007

1. Gardons le goût de la *disputatio* où, dans le respect de l'autre, les idées s'opposent pour le bien et la croissance de tous.

I

« Professionnels de l'amour »

Daniel Garcia : Si « Dieu est amour », l'homme d'Église n'est-il pas, par sa fonction, un « professionnel de l'amour » ?

Père Patrice Gourrier : « Professionnel de l'amour », formule un peu provocante à laquelle je n'aurais pas spontanément pensé... Mais, en effet, le prêtre est un témoin « fragile » de l'amour de Dieu pour les hommes. Il est donc appelé non pas seulement à parler de l'amour de Dieu, mais à en témoigner en aimant vraiment ceux et celles dont il croise la route. C'est là, à mon avis, que réside la plus grande difficulté. Il est facile de dire à la suite du Christ « Aimons-nous les uns les autres », il est nettement plus difficile de vivre réellement cet amour, car le prêtre demeure un homme, avec ses faiblesses et ses limites. Ainsi, concrètement, je suis comme tout le monde. Il m'est plus facile d'aimer ceux et celles qui me témoignent de la sympathie et qui me ressemblent que ceux et celles qui détournent le regard dans la rue pour ne pas me saluer car ils n'apprécient pas ma manière

d'être prêtre. À ceux-là, que je croise néanmoins dans les églises, j'ai eu plus d'une fois envie de dire : « Vous êtes un bon chrétien, cela se voit ! », ressentant une vraie colère. Mais c'est justement dans ces moments-là que je suis appelé à progresser en aimant ceux qui ne m'aiment pas, devenant ainsi un vrai témoin du Christ. Si je ne vis pas ce que je proclame au micro le dimanche, autant faire autre chose...
C'est à cette condition, animé par ce désir de progresser, que je peux me sentir habilité à conseiller ceux et celles qui viennent me voir, et à les aider à vivre non seulement l'amour de Dieu, mais aussi l'amour humain. Jean-Paul II nous invitait à « aimer l'amour humain[1] », et c'est à cet amour que je suis le plus souvent confronté dans le cadre de mon activité. Car, contrairement aux idées reçues, on ne vient pas seulement voir le prêtre pour s'entretenir de questions religieuses...

Daniel Garcia : Brigitte, vous, derrière votre micro, vous êtes également une « professionnelle de l'amour ». Vous en avez même fait votre métier. Surprenante reconversion ! Comment passe-t-on de porno star à consultante en relations conjugales ?

Brigitte Lahaie : Contrairement à ce que vous semblez penser, c'est, à mes yeux du moins, un parcours cohérent. Lorsque j'ai arrêté de tourner dans les films X,

1. Jean-Paul II, « Entrez dans l'espérance », cité par Bernard Lecomte, *Jean-Paul II*, Gallimard, 2003, p.120.

à la toute fin des années 1970, je me suis très vite intéressée à la psychologie, à la sexologie... Parallèlement, dès 1980, j'ai ouvert des serveurs Audiotel – 3615 Lahaie, par exemple –, où j'invitais les gens qui voulaient me contacter à me poser leurs questions relatives à la sexualité. À l'époque, ils le faisaient par clavier du Minitel interposé, et je leur répondais tous les jours ou tous les deux jours. Je me suis donc lentement habituée à traiter de ces sujets. Ce fut une formation sur le tas, en quelque sorte, dans la mesure où je n'ai pas fait d'études, au sens universitaire du terme. En revanche, j'ai « potassé » des dizaines de livres de psychologie et de sexologie – je continue encore aujourd'hui – et un ami m'a aidée à m'y retrouver dans les arcanes de la psychanalyse. Mon expérience – je veux parler de mon ancienne pratique d'actrice du X – m'a aussi beaucoup aidée. Et d'abord à ne pas juger. C'est sans doute l'un des points essentiels, d'ailleurs, où nous nous rejoignons, avec le père Patrice Gourrier : nous ne jugeons pas. Lui, son ministère le lui interdit ; et moi, mon passé ne me donne pas le droit de juger qui ou quoi que ce soit. Et c'est parce qu'ils savent que nous ne les jugerons pas que ses paroissiens, comme mes auditeurs nous parlent si librement.

Daniel Garcia : Vous n'avez quand même pas fait que du Minitel, pendant ces vingt-six ans...

Brigitte Lahaie : Non, en effet. J'ai un temps animé une émission de télévision sur le câble – il s'agissait d'une chaîne réservée au X – et une autre sur le Web. Puis, il y a six ans, Alain Weil, le directeur des programmes de RMC, m'a contactée pour me confier une libre antenne. Au départ, il s'agissait d'une émission qui se voulait avant tout « médicale » : je devais aborder la sexualité par le biais des petits problèmes mécaniques ou autres qui viennent la contrecarrer comme l'éjaculation précoce. Je ne vous cache pas qu'Alain Weil était un peu inquiet des dérapages éventuels, compte tenu de ma réputation, et parce que l'émission se déroulait en direct. Mais enfin, il m'a fait confiance et, très vite, le succès est arrivé.

Daniel Garcia : Diriez-vous que votre image vous a servie ou desservie ?

Brigitte Lahaie : Servie, dans la mesure où l'émission a été rapidement médiatisée. Desservie, parce que dans l'esprit de certains ma réputation ne plaidait pas en ma faveur. Quelques auditeurs – des auditrices, en fait – ont contesté qu'on puisse choisir quelqu'un comme moi à l'antenne pour parler de sexualité. Mais j'ai été ravie, et touchée, de voir qu'au bout de six mois deux ou trois de ces auditrices qui m'avaient dénigrée d'emblée m'ont ensuite appelée, après m'avoir écoutée, pour s'excuser de leur réaction.

Daniel Garcia : Le succès vous a-t-il encouragée à élargir votre propos ?

Brigitte Lahaie : Oui. Limiter la sexualité aux organes, c'est en faire rapidement le tour. Alors que ce qui différencie l'être humain de l'animal, ce ne sont pas les fonctions reproductives, c'est la dimension du fantasme, du désir, de l'amour... Six ans plus tard, je tire le constat que cette émission est la preuve quotidienne de ce que j'ai toujours pensé de la sexualité, à savoir que toute personne qui prétend rechercher du sexe recherche avant tout de l'amour. Je suis intimement convaincue qu'on ne peut pas dissocier les deux.

Daniel Garcia : Il est parfois plus facile de parler de sexe que de parler d'amour...

Brigitte Lahaie : Si j'étais dans le rôle du père Patrice Gourrier et que j'aie quelque chose à prêcher, j'aimerais que les gens puissent se dire plus facilement qu'ils s'aiment. Je suis frappée, par exemple, de voir comment, dans les familles, à mesure que les enfants grandissent et deviennent adultes, il n'existe plus de relations tactiles entre parents et enfants, les uns et les autres ne sachant plus se formuler leur amour réciproque ni l'exprimer par des gestes. Nous sommes beaucoup trop coupés de la dimension d'amour dans notre relation à l'autre.

Daniel Garcia : Père Gourrier, vous hochez la tête...

Père Patrice Gourrier : Brigitte Lahaie soulève là une véritable question. Personnellement, je n'oublierai jamais cette femme, en larmes, venue frapper un soir au presbytère, car son époux était mort brutalement au travail d'une crise cardiaque durant la journée. Elle regrettait d'être partie travailler trop vite le matin, ne lui ayant pas dit « Je t'aime ». Cet événement a constitué pour moi une véritable leçon de vie. Désormais, j'insiste auprès des jeunes que je prépare au mariage sur la nécessité de dire régulièrement à son conjoint « Je t'aime », même si l'on estime que cela est sous-entendu, ou tacite.

Daniel Garcia : Revenons à vous, Brigitte. Pendant ces vingt-six ans, avez-vous le sentiment que les choses, en matière de sexualité et d'égalité des sexes, ont beaucoup évolué ?

Brigitte Lahaie : Indéniablement. La femme a continué de se libérer, notamment. Mais les années passaient, et j'avais le sentiment que les mêmes tabous, les mêmes blocages persistaient. Tout a vraiment changé, selon moi, au début des années 1990, avec l'arrivée du Viagra. C'est à cette époque que le discours sur la sexualité s'est complètement ouvert. Et c'est finalement assez logique. La sexualité et la mort sont les deux grandes angoisses humaines. S'agissant de la sexualité, l'érection tient évidemment un rôle prééminent. Pour un homme, ne plus avoir d'érection, est presque aussi terrifiant que la mort. Dans ces conditions, trop parler de sexualité lui apparaissait comme insupportable. Dès lors qu'un médicament, véritable produit miracle, résout le problème de l'érection, la parole sur la sexualité a pu achever de complètement se libérer. C'est en tout cas mon analyse.

Daniel Garcia : Est-ce la vôtre, Père Gourrier ?

Père Patrice Gourrier : Je ne suis pas un spécialiste du Viagra ! Je dois cependant avouer que j'ai été surpris d'apprendre, dans un dossier du journal *Le Monde*[1], que le Viagra n'était pas réservé aux hommes d'un certain âge, comme je l'imaginais, mais que de plus jeunes, voire de très jeunes gens, l'utilisaient pour se « rassurer ». Cela m'inquiète, car j'ai l'impression d'assister à une mécanisation de la sexualité. Je me demande si, au lieu de libérer l'homme comme le dit Brigitte Lahaie, le Viagra ne le condamne pas au contraire à la performance, ce qui me semble pathétique. N'oubliez pas ce que disait Mallarmé : « La chair est triste et j'ai lu tous les livres... » Cette médicalisation de la sexualité me semble inquiétante.

Daniel Garcia : Admettons que le Viagra ait contribué à décomplexer la parole sur la sexualité. Mais ce

1. *Le Monde*, 7 décembre 2006, p. 24.

n'est quand même pas le Viagra, à lui seul, qui explique le succès de votre émission, Brigitte ?

Brigitte Lahaie : Évidemment non ! La clé principale du succès, c'est ce rapport de confiance qui s'instaure entre les auditeurs et moi. Nous en avons déjà parlé tout à l'heure, mais c'est très important de le rappeler : les gens, en m'appelant, savent qu'ils ne vont pas être jugés. Et quand on me demande de décrire mon métier actuel, j'aime bien répondre que je suis « accoucheuse d'âmes ». Les moments les plus magiques de l'émission sont ceux où nous comprenons tout à coup ensemble, l'auditeur et moi, pourquoi il éprouve tel blocage, pourquoi il nourrit tel fantasme ou pourquoi son couple ne se porte plus très bien.

Daniel Garcia : « Accoucheuse d'âmes » ? Diable ! Vous usez d'un vocabulaire plutôt réservé au Père Gourrier...

Père Patrice Gourrier : L'expression d'« accoucheur d'âmes » n'est pas réservée aux « gens d'Église ». Nous pouvons tous nous aider les uns les autres à « accoucher » de nous-mêmes. Il existe, dans l'Évangile, un très beau texte où Jésus ressuscite son ami Lazare, non sans l'avoir d'abord pleuré, ce qui prouve au passage, et pour ceux qui en douteraient encore, que Jésus n'était pas insensible. Lazare, comme c'était la coutume à l'époque, avait été placé dans son tombeau entouré de bandelettes. Ce qui est extraordinaire dans ce texte, c'est que Jésus ne lui retire pas lui-même ses bandelettes. En effet, Celui-ci se tourne vers la foule et dit : « Déliez-le et laissez-le aller. » Ainsi, nous sommes tous, les uns pour les autres, ces accoucheurs d'âme chargés de délier ceux et celles dont nous croisons la route de ces entraves qui nous empêchent d'avancer. Chacun d'entre nous est toujours le plus mal placé pour percevoir ce qui l'emprisonne et pour s'en libérer. Un regard extérieur sur notre histoire, mâtiné d'expérience, nous permet en revanche de sortir de cette prison. Les philosophes appellent cela la maïeutique : eh bien, nous devrions tous en faire plus souvent.

Daniel Garcia : Vous-même, mon Père, comment vous définiriez-vous ? Comme un confident ?

Père Patrice Gourrier : Dans le passé, certains prêtres se présentaient comme des directeurs spirituels. Je n'aime pas cette expression qui semble sous-entendre que le prêtre dirige la vie de l'autre. Je me présente plutôt comme un « accompagnateur humain et spirituel ». N'oublions jamais que ce qui n'est pas humain ne peut être divin. Ce « travail » d'accompagnement occupe d'ailleurs une grande place dans mon ministère de prêtre et je rencontre environ quarante personnes par mois en entretien individuel. C'est à la fois l'un des aspects les plus enrichissants de mon ministère, mais aussi l'un des plus éprouvants. Être confronté à l'autre, écouter, m'a vite montré mes limites. Rien ne m'avait préparé à entendre les confidences de ces femmes et ces hommes qui relisent leur vie de couple, ces personnes qui se retrouvent à la retraite et qui s'aperçoivent qu'elles n'ont plus rien à se dire, ces jeunes qui découvrent leur sexualité et qui viennent chercher des réponses à leurs interrogations... Tout cela est cependant désormais devenu mon quotidien. Ce que j'ignore, en revanche, car nous n'en parlons pas entre nous, sans doute par pudeur, c'est si mes confrères vivent la même chose.

Daniel Garcia : Rappelons, au passage, que vous êtes devenu prêtre à quarante ans. C'est important, car vous avez connu auparavant une vie professionnelle en entreprise, mais aussi une vie privée – amoureuse et sexuelle. Vos paroissiens le sentent peut-être. Et c'est pourquoi ils viennent se confier à vous.

Père Patrice Gourrier : Peut-être, mais je n'en suis pas sûr. Il n'est fort heureusement pas obligatoire d'avoir « tout » vécu pour offrir à l'autre une oreille attentive et pour tenter de percevoir ce qui est en jeu. Mais ce qui est certain, c'est que ce n'est pas l'enseignement que j'ai reçu au séminaire qui m'a préparé au côté « humain » de ma mission. La formation humaine qu'on y dispense est à mes yeux – et c'est tout à fait personnel –, totalement indigente sur ce type de réalité. On nous y enseigne la théologie, la philosophie, l'histoire de la Bible, les sacrements..., toutes choses indispensables et utiles par ailleurs. Mais on ne nous apprend pas, ou trop peu, à réfléchir sur « l'humain », dans ce qu'il a de plus beau, mais aussi de plus sombre. Pourtant, nous sommes souvent confrontés à des choses très dures : des couples qui se déchirent, des familles entières qui volent en éclats, des trahisons... Dans ces cas extrêmes, les bons sentiments, les bonnes paroles ne suffisent pas. C'est pourquoi j'ai trouvé personnellement indispensable de me former à la psychologie, et que j'ai entrepris une psychothérapie, puis une psychanalyse. Il n'est jamais neutre d'entendre tout ce que nous entendons, et ce travail sur soi permet justement de pouvoir l'entendre avec le moins de dommages possible pour les deux interlocuteurs.

Daniel Garcia : Que viennent chercher les personnes qui viennent vous rencontrer dans ces entretiens ? Une manière d'absolution ? Le désir d'entendre une parole qui fasse autorité ?

Père Patrice Gourrier : Même si l'Église est aujourd'hui souvent galvaudée, raillée, même si les prêtres n'ont plus de véritable statut social, nous avons gardé, et c'est capital, ce statut « sacré » qui fait que, malgré tout, le prêtre demeure quelqu'un d'à part. Alors on vient le voir pour de multiples motifs qui n'ont parfois rien de religieux. Dans une société où l'on parle beaucoup de communication, mais où l'on crée peu de lien, le prêtre est celui qui écoute sans juger, et qui essaye tant que faire se peut d'avoir une parole de réconfort. S'il y a des mots qui tuent, il y en a d'autres qui font grandir. Il appartient au prêtre, avec l'aide de Dieu, de trouver ces mots et d'aider ceux et celles qui viennent le voir à se remettre en route. Plus j'avance, plus j'aime l'humain, avec sa diversité, sa complexité, ses contradictions, ses zones d'ombre, mais aussi de lumière. Il arrive aussi que certains, et votre question est pertinente, viennent nous trouver pour tenter d'obtenir une absolution sans confession, une sorte de justification de leurs actes. Mais alors, je n'oublie pas que si Dieu est bon, il est aussi juste !

Daniel Garcia : Votre limite, c'est la loi.

Père Patrice Gourrier : Oui. Cette référence à la loi me paraît fondamentale, qu'il s'agisse de la loi des hommes ou de la Loi de Dieu, lois qui posent des limites et sans lesquelles toute vie en société serait impossible. Ainsi, dans la Bible, et cela a pu irriter, on parle beaucoup de la Loi de Dieu, de ses décrets, de ses préceptes. Pourtant, cette référence à la Loi de Dieu est, pour un croyant, fondamentale. Cette Loi n'est pas coercitive, elle a, au contraire, pour objectif de guider l'homme vers le bonheur. C'est un peu comme des parents qui interdisent à leurs enfants de toucher une prise électrique car ils savent que l'enfant court un danger qu'il ignore. Dieu, à qui nous donnons le nom de Père, et qui nous a créés, sait ce qui est bon et mauvais pour nous et nous indique des chemins de vie.

Daniel Garcia : L'un comme l'autre, vous êtes d'abord dans l'écoute...

Brigitte Lahaie : Oui. Mais aussi, et peut-être plus encore, dans l'écoute de ce qui n'est pas dit. Il faut savoir entendre le mot qui n'est pas formulé, le mot qui est avalé. En matière de sexualité, il est fréquent de constater qu'un mot, tout à coup – clitoris, par exemple, ou tout autre mot –, a du mal à être prononcé. Ou alors, il est écorché. Aussitôt, mes antennes clignotent...

Daniel Garcia : Je suppose, mon Père, que ceux et celles qui viennent vous rencontrer, n'emploient pas des termes aussi « techniques » que les auditeurs de Brigitte Lahaie ?

Père Patrice Gourrier : Non, en effet ! Mais, cela dit, j'aime bien cette idée de mots suspendus, accrochés. Il m'arrive par exemple de recevoir des jeunes gens qui cherchent à me confier leur homosexualité. Généralement, le mot lui-même est trop dur à prononcer dans un premier entretien. Alors on attend, on tourne autour du pot, on emploie des termes asexués, comme partenaire, ami... C'est tout un vocabulaire à décrypter. Mais, même si je perçois de quoi il est question, je m'interdis de prononcer moi-même le mot, car j'estime que c'est à la personne de franchir le pas. C'est là où l'écoute ne suffit pas. J'essaye de faire miroir, pour que l'autre puisse se reconnaître. Il s'agit parfois de reformuler les propos, mais sans rien y ajouter – car il n'est pas question de projeter nos propres sentiments –, pour que mon interlocuteur aille plus loin. Le but est de l'amener à prendre conscience de ce qui affleure juste sous la surface.

Brigitte Lahaie : De toute façon, ils sont prêts à « accoucher », pour reprendre un terme que nous utilisions tout à l'heure. Ils sont conscients d'une difficulté et sont arrivés au point où ils souhaitent la dépasser. Sinon, ils ne m'appelleraient pas, ou ils ne viendraient pas vous voir.

Père Patrice Gourrier : L'une des grandes différences, entre nous deux – il y en a d'autres (!) –, c'est le temps. Votre émission se déroule en direct. L'auditeur dispose de dix minutes, tout au plus, pour se confier. Personnellement, je vois en général les personnes à plusieurs reprises et les choses se décantent dans la durée.

Daniel Garcia : Comment parvenez-vous, Brigitte, à donner des réponses en aussi peu de temps ?

Brigitte Lahaie : Tout dépend des témoignages. Parfois, je me contente de donner une petite recette, parce que je sens que la personne n'est pas dans une démarche évolutive mais a simplement besoin d'un conseil pratique. D'autres fois, je sens au contraire que mon interlocuteur se pose un peu plus de questions et qu'il se trouve à la croisée des chemins. Dans ce cas, je lui consacre plus de temps, et je l'aide à choisir sa voie. Mais en aucun cas ce n'est à moi de lui indiquer.

Daniel Garcia : Vous n'êtes pas là pour faire la morale, mais n'avez-vous pas au fond le sentiment d'appliquer une certaine morale ?

Brigitte Lahaie : Ça peut m'arriver. Dans certains cas, mais c'est assez rare – lorsqu'un homme, par exemple, m'explique qu'il couche avec sa femme, ce qui est très bien, mais aussi avec la mère de sa femme –, j'estime en effet qu'il est important de remettre les pendules à l'heure. Parce qu'il existe un minimum de règles à respecter dans une société. On ne tue pas, on ne couche pas avec son enfant ni avec sa sœur, on respecte les générations... Ce sont des tabous fondamentaux, et en même temps de bon sens, qu'on retrouve dans la psychanalyse.

Daniel Garcia : Des tabous, comme par hasard, qui sont souvent conformes aux principes de l'Église...

Père Patrice Gourrier : Vous savez, ne nous leurrons pas, à toutes les époques et sur tous les continents, l'Homme a estimé nécessaire de poser des règles en matière de sexualité. Il n'est donc pas étonnant que l'Église, s'appuyant sur l'Évangile, en ait elle-aussi édicté un certain nombre. Mais, contrairement à ce que proclame à qui veut l'entendre un philosophe médiatique, Michel Onfray, ces règles n'ont pas eu pour objectif d'opprimer l'Homme mais de le libérer. Ainsi, par exemple, ce n'est pas de l'Évangile que vient le mépris du corps. Ce n'est pas Jésus, ou l'Église, qui a déclaré « Le corps est le tombeau de l'âme », mais Platon. Dans l'Évangile, au contraire, il est dit que le corps est le « Temple de l'Esprit », ce qui montre toute la grandeur du corps et de l'Homme. Malheureusement, je constate que le message chrétien, deux mille ans plus tard, a toujours du mal à passer, certains se faisant un malin plaisir de le discréditer.

Daniel Garcia : Le puritanisme a toujours existé...

Père Patrice Gourrier : Oui, et il était même omnipresent dans l'Antiquité grecque et romaine. Il est important de rappeler que l'Église n'est pas là pour imposer des lois de manière abstraite, mais que si elle dit un certain nombre de choses, c'est parce qu'elle a une haute conception de la personne humaine – et partant de là, une haute conception de l'amour, du corps et de la sexualité. C'est cette haute conception qu'elle défend en édictant ces lois. Ce n'est pas pour le plaisir de fabriquer des névrosés ou des frustrés : l'argument est idéal pour un raccourci sur un plateau de télévision, mais il est faux historiquement. L'Église propose ce qu'elle estime être un idéal, à chacun de se situer par rapport à celui-ci.

Daniel Garcia : Mais si l'Église a, comme vous le prétendez, une aussi haute conception du corps, pourquoi la met-elle si peu en avant ? Pourquoi avoir choisi de représenter le Christ cloué, crucifié...

Père Patrice Gourrier : Rappelons, car c'est primordial, que le Christ n'a pas cherché à être crucifié ! Ce sont les hommes qui Lui ont imposé ce supplice.

Daniel Garcia : Non, bien sûr. Mais avouez que l'image est dérangeante...

Brigitte Lahaie : Toute petite, j'avais un crucifix sur la porte de ma chambre, et franchement la vision de ce corps supplicié ne me donnait aucune envie de prier.

Père Patrice Gourrier : Encore une fois, le Christ n'a pas choisi la crucifixion : c'était le supplice pratiqué en ce temps-là. S'il avait été romain, Il aurait été décapité comme le sera saint Paul à Rome. La croix « folie pour les hommes, sagesse de Dieu » nous renvoie à l'amour de Dieu pour chacun d'entre nous.

Daniel Garcia : Tout de même ! Pourquoi avoir, symboliquement, choisi de représenter le Christ sur la croix plutôt qu'un Christ ressuscité ?

Père Patrice Gourrier : Ce que vous dites là me touche profondément, car il se trouve que le jour où j'ai été ordonné prêtre, j'ai demandé à un artiste de me sculpter une croix les bras levés, figurant un christ encore crucifié, mais déjà ressuscité. Je suis bien conscient que ce symbole de la crucifixion passe difficilement auprès de certaines personnes. Selon moi, elle est la preuve que Jésus nous a aimés jusqu'à accepter de donner sa vie par amour pour nous. Ainsi, et je comprends que cela puisse paraître paradoxal, la croix représente un geste d'amour – l'amour de Dieu qui s'est exprimé dans le don de sa vie, et qui a dépassé la mort. Notez que combattre l'injustice impose à celui qui mène ce combat d'être directement confronté à l'injustice et d'avoir à en souffrir. Mais je comprends votre question, et il faut bien distinguer la manière dont on a interprété le message du Christ, du message du Christ lui-même. Beaucoup de gens, au cours des siècles, ont relu ce message de manières radicalement différentes, en fonction de leur propre histoire et de leur propre compréhension.

Daniel Garcia : Au XIXe siècle, l'Église s'est pourtant faite la porte-parole d'un bridage de la sexualité, dont on subit encore aujourd'hui les conséquences.

Père Patrice Gourrier : Vous avez raison. Mais, même si je ne suis pas un spécialiste, il est important de savoir – et Jean-Claude Guillebaud l'a montré dans son ouvrage *La Tyrannie du plaisir*[1], que ce bridage dont vous parlez a vu le jour, notamment et pour faire court, à l'instigation de la bourgeoisie industrielle qui voulait que les ouvriers gardent leur énergie pour le travail. L'Église fut en partie complice, c'est exact, mais elle n'est pas la seule. Ainsi, et contrairement aux idées reçues, les révolutions ont souvent été marquées par un retour à une morale très rigide. C'est vrai de la Révolution française, c'est vrai également de la Révolution russe de 1917. Ainsi, en Russie, l'homosexualité fut présentée comme une manifestation de la dégénérescence de la bourgeoisie dépravée et considérée comme un crime social puni de prison. Cela dit, personnellement, je range du même côté ceux qui combattent la sexualité ou qui s'en méfient et ceux qui mènent une vie libertaire. Dans les deux cas, il me semble qu'en toile de fond se jouent les mêmes angoisses et les mêmes difficultés par rapport au sexuel. Je me méfie donc des gens qui prêchent le grand blanc, la grande pureté. C'est parfois chez eux qu'on trouve, derrière, les pièces les plus sombres. Et ça, ce n'est pas la psychologie, mais le confessionnal qui me l'a appris.

Daniel Garcia : Justement, revenons à ces chrétiens qui viennent vous rencontrer. Leur donnez-vous des réponses de prêtre ou de psychologue ?

---

1. Guillebaud, Jean-Claude, *La Tyrannie du plaisir*, Seuil, 1998.

Père Patrice Gourrier : C'est une excellente question et je différencie bien le rôle du psychologue de celui du prêtre. En tant que prêtre, j'apporte tout d'abord une écoute, avant de tenter d'éclairer la personne dans ses choix, ou dans sa problématique, à la lumière de ce que j'ai perçu de l'Évangile ou de l'enseignement de l'Église. Quand je l'estime nécessaire, j'invite la personne à consulter un psychologue, voire un psychiatre si besoin (en cas de dépression sévère, par exemple), expliquant bien l'aspect positif d'une telle démarche. Un travail sur soi est toujours bénéfique, à la condition bien entendu que la personne avec qui on l'entreprend soit compétente. C'est pourquoi j'invite toujours mes interlocuteurs à la plus grande vigilance face au terme de « psychothérapeute » ou de « praticien », appellations qui ne sont pas protégées par la loi et que n'importe qui peut utiliser [1]. La souffrance psychique est devenue un vrai marché, certains

1. Une loi appelée « loi Accoyer » a été votée il y a deux ou trois ans afin de tenter de réglementer les psychothérapeutes. Mais à ce jour les décrets d'application ne sont toujours pas parus, la rendant inutile... Le terme de psychologue est, quant à lui, soumis à la loi et aux décrets. Pour l'acquérir, il faut entreprendre une formation universitaire qui dure cinq années. Ainsi, par exemple, le terme de « psychologue clinicien » implique que celui ou celle qui le porte ait suivi un enseignement approfondi en psychopathologie, ce qui est indispensable pour assurer un travail sérieux. Trop d'instituts forment des « praticiens » qui n'ont qu'une formation totalement indigente en ce domaine. De nombreux types de psychothérapies existent, mais il est important que celui qui les utilise soit bien formé. Une expérience hospitalière me semble par exemple nécessaire. Soyez vigilants !

instituts n'hésitent pas à former des personnes en à peine quatre mois au total ! La bonne volonté ne suffit pas, et de tels faits constituent à mes yeux un véritable scandale ! Mais en vous écoutant, je m'aperçois qu'avec le temps je suis devenu un peu « jésuite ».

Daniel Garcia : C'est-à-dire ?

Père Patrice Gourrier : Je réponds souvent à une question par une question, sur des sujets touchant la sexualité, mais aussi l'amour, la relation à l'autre, la vie de famille... Il me semble important d'amener l'autre à « accoucher de lui-même », ainsi que nous l'avons déjà évoqué, en le respectant et en respectant le temps du sujet.

Daniel Garcia : Vous êtes d'accord, Brigitte ?

Brigitte Lahaie : Pas exactement. Quand on écoute bien les gens, on s'aperçoit qu'ils nous donnent eux-mêmes leur réponse. Au début, j'avais tendance, comme le père Patrice Gourrier, à ne jamais me prononcer, mais j'ai fini par réaliser qu'on leur faisait gagner du temps en leur apportant une réponse qui, au fond, est la leur. Je ne suis ni prêtre ni psychologue, ni même sexologue, et je ne fais que parler en mon nom, mais après tout, pourquoi laisser des gens se torturer quelques années de plus, alors qu'on peut les aider à trancher ? J'ai eu récemment le cas d'une femme battue qui s'interrogeait sur l'opportunité de quitter ou non son mari. Au vu de ce qu'elle m'a raconté, je n'ai pas hésité et je lui ai répondu que oui, elle devait quitter cet homme. J'estime que c'est presque mon devoir de chrétienne d'agir ainsi ! Les gens ont parfois besoin de la force de l'autre. C'est peut-être prétentieux de ma part – et ça m'a coûté énormément, au début, d'oser m'investir un peu –, mais c'est vrai que je donne davantage de directions qu'avant. Je peux me tromper, néanmoins j'ai la certitude que les gens attendent cela de nous.

Daniel Garcia : Vous, père Gourrier, vous vous l'interdisez ?

Père Patrice Gourrier : Je n'ai pas de règle définitive. Il me semble important de respecter la conscience individuelle de chacun tout en l'éclairant, comme m'y invite toute l'histoire de l'Église. De plus, avec le temps, j'ai pris conscience de la complexité des situations. Ainsi, il y a quelques semaines, une jeune fille est venue me raconter sa vie avec son ami. Comment celui-ci la traitait, comment il l'humiliait constamment. Elle, acceptant tout, restait cependant avec lui. À mes yeux, pareille situation semblait a priori invivable. J'avais envie de lui dire : « Vous avez vingt-trois ans, n'acceptez pas de vivre ainsi et partez ! » Mais je me suis rendu compte, au fil de nos entretiens, que ce type de relation lui convenait et qu'elle y trouvait même un certain plaisir. Les relations humaines, et amoureuses, sont complexes, et je n'ai pas à imposer à l'autre ma manière de voir et de penser. Toutefois, si cette jeune fille était venue me confier son « problème », c'est que cette situation ne la satisfaisait pas entièrement. Je lui ai donc expliqué que nos entretiens ne devaient pas être simplement l'endroit où elle ferait tomber la pression, mais qu'ils pouvaient en revanche lui fournir l'occasion d'une réflexion : Qu'est-ce qu'aimer ? Qu'est-ce qu'aimer l'autre ? Qu'est-ce que ça veut dire, s'aimer soi-même ? Aimer signifie-t-il tout tolérer de l'autre ? Tout cela, avec un certain nombre de repères – par rapport à Dieu, par rapport à la foi, et par rapport à cette conception de la personne dont je parlais tout à l'heure. En revanche, j'estime que je n'avais pas à lui dire : « Faites vos bagages. » Je préfère essayer d'être le miroir le plus fidèle possible, pour aider l'autre à entreprendre une réflexion, plutôt que donner des solutions toutes faites.

Daniel Garcia : Mais Brigitte Lahaie l'a bien dit, elle ne se prend pas pour autant pour une « thérapeute »...

Brigitte Lahaie : Non, en effet. Les auditeurs, du reste, ne sont pas obligés de suivre mes conseils : quand ils ont raccroché leur téléphone, ils font ce qu'ils veulent. La suite, c'est leur problème, pas le mien. Et tant pis s'ils m'en veulent de leur avoir donné un avis qui les a bousculés. Ayant choisi une position de neutralité bienveillante, les compliments comme les critiques me laissent relativement indifférente, même si, bien sûr, cela fait toujours plaisir d'être félicité pour ce que l'on fait. Mais j'ai appris à me méfier des flatteurs : je sais qu'un auditeur qui d'emblée me flatte va très vite se plaindre, chercher à se poser en victime du problème qu'il me soumet.

Daniel Garcia : Le prêtre doit-il aussi se méfier de ce qu'on lui rapporte ?

Père Patrice Gourrier : Oui ! Au début, un peu naïvement, je l'avoue, je croyais tout ce que les gens venaient me confier. Avec le temps, je me suis aperçu que, parfois, il fallait distinguer la « réalité » de la « vérité du sujet ». Je pense notamment à cette jeune femme qui m'avait affirmé avoir été victime d'inceste dans son enfance, en l'occurrence de la part de son grand-père. Avec le temps, cela s'est révélé totalement faux, cette histoire d'inceste n'étant que la justification qu'elle avait trouvée pour donner une explication à son mal-être et pour capter mon attention. De la même façon, je me montre toujours très prudent avec les personnes qui se disent victimes de possessions diaboliques.

Daniel Garcia : Brigitte, au moins, échappe au Diable...

Brigitte Lahaie : Détrompez-vous. Le Diable, métaphoriquement parlant, n'est jamais loin. Dans les histoires de couples, très souvent le diable c'est le partenaire. Lorsque les gens souffrent d'un mal-être personnel, ils s'imaginent que quitter le conjoint résoudra tous leurs problèmes, car ils se sont persuadés que le mal vient de lui. Il est difficile de leur faire entendre que la rupture ne changera pas grand-chose, tant qu'ils refuseront de voir leurs propres démons. Mais ils persistent dans le déni : le Diable, c'est l'autre.

Père Patrice Gourrier : Il est intéressant de savoir que le mot diable vient du grec *diabolos.* C'est celui qui divise, qui sème la zizanie. Alors que l'univers et l'humanité ont été conçus pour l'harmonie, le démon introduit la notion de division.

Daniel Garcia : Nous parlions tout à l'heure de morale. Vous n'êtes là ni l'un ni l'autre pour faire la morale. Mais jouons sur les mots : on peut supposer qu'il faut un solide moral pour affronter tous ces démons...

Brigitte Lahaie : Oh, oui ! Je sors souvent de l'émission complètement à plat, vidée. Mais au bout d'un quart d'heure, je me suis reprise. J'ai la chance d'aimer vraiment la vie, d'aimer l'autre. Mais cette pulsion, je la possède aussi parce que j'ai opéré un travail sur moi... La lecture de Krishnamurti et de la philosophie orientale m'a été d'un grand secours. Je crois être arrivée à une vraie sérénité. Quoi que je traverse, désormais, j'arrive toujours à faire la paix avec moi-même.

Daniel Garcia : Avez-vous grandi dans un milieu imprégné de christianisme ?

Brigitte Lahaie : Dans la petite bourgeoisie judéo-chrétienne, oui. Pour la petite histoire, c'est une bonne sœur qui a accouchée ma mère. En me tendant dans ses bras, elle lui a dit : « Votre fille aura un destin extraordinaire. » Maman me l'a souvent répété. J'ai donc grandi comme investie par ces paroles. Et, bien sûr, j'ai été baptisée, j'ai fait ma communion, j'allais à l'église tous les dimanches...

Daniel Garcia : Jusqu'au jour où vous vous en êtes écartée...

Brigitte Lahaie : Ma grand-mère était une femme divorcée, qui a élevé une fille qui n'était pas de son mari, donc tout n'était pas blanc-blanc dans la famille. Disons que j'ai repris le flambeau, et que je l'ai porté un peu plus loin ! C'est vrai qu'à une époque plus personne dans la famille ne voulait m'adresser la parole. Pourtant, tourner dans des films pornos, cela va peut-être vous étonner, mais ce fut pour moi une manière d'exalter mon côté révolutionnaire. J'ai en quelque sorte milité avec mon corps ! J'avais le sentiment de faire bouger la société en montrant qu'une femme avait le droit d'avoir du plaisir à visage découvert. Du reste, le porno, alors, ne ressemblait pas du tout à celui d'aujourd'hui. C'était beaucoup plus « à la bonne franquette ». Les gens qui tournaient des pornos dans les années 1970 étaient imprégnés – pas tous, bien sûr, mais enfin la plupart – des idéaux politiques de l'époque, du mouvement général de libération des mœurs. D'ailleurs, il est frappant de constater que les scénarios montraient souvent une bourgeoise couchant avec le plombier, pour bien se démarquer du côté féodal du mari.

Daniel Garcia : J'imagine qu'aujourd'hui vous avez triomphé de votre famille ? La notoriété aidant, tout le monde vous reparle ?

Brigitte Lahaie : Je ne sais pas si j'ai vraiment triomphé. En tout cas, le prix payé fut à la mesure du « triomphe ».

Daniel Garcia : Et vous, Père Gourrier, comment supportez-vous la demande des autres ?

Père Patrice Gourrier : N'ayant été ni préparé ni formé à l'écoute, j'ai eu l'impression au début d'être comme une éponge, retenant en moi tout ce qui m'était confié. Certains soirs, je me sentais brisé, à la limite de l'épuisement physique, à tel point qu'un jour je me suis retrouvé à l'hôpital, avec tous les symptômes de l'infarctus. Je n'en pouvais plus. Il a fallu que j'apprenne à gérer ces tensions, sans pour autant devenir indifférent. C'est pourquoi j'ai décidé d'engager une psychothérapie, et plus tard une psychanalyse. Cet accident de santé m'a obligé à plonger encore plus profondément dans la prière. J'ai eu la chance de découvrir, lors de mes lectures, une très ancienne prière du IVe siècle, la « prière du cœur », qui consiste à répéter tout au long de la journée « Seigneur Jésus, viens à mon aide ». Cette prière ancre littéralement ma journée sur un socle spirituel et me permet de gérer ma relation aux autres, me soutenant dans le quotidien.

Daniel Garcia : Car ce que vous entendez est rarement neutre...

Père Patrice Gourrier : Je dis souvent du prêtre qu'il est l'« homme du malheur ». Certains de mes confrères détestent cette formule. Pourtant, majoritairement, me semble-t-il, les gens viennent nous voir quand cela ne va pas : les mariages et les baptêmes, qui sont des événements heureux, occupent à peine 20 % de mon temps. C'est au cœur du « tragique de l'existence » que nous sommes appelés à ranimer la lumière qui un temps s'est voilée.

Daniel Garcia : Si vous tenez le coup, c'est que vous possédez aussi la force de vie suffisante...

Père Patrice Gourrier : Oui, c'est certain. Mais je suis convaincu que cette force ne vient pas de moi, et qu'il ne s'agit pas uniquement de ma capacité de résilience par rapport aux événements. Je pense qu'un prêtre est appelé à être un « passeur de lumière », lumière qui vient d'ailleurs...

II

« Homme et Femme, Il les créa... »

Daniel Garcia : Maintenant que nous avons mieux cerné le sens de votre démarche, à l'un et à l'autre, entrons dans le vif du sujet. Et commençons, si vous le voulez bien, par un vieux débat, toujours pas épuisé : le statut de la femme.

Brigitte Lahaie : S'il y a bien quelque chose qui me chiffonne, dans l'Église, c'est précisément cette question-là. Ne nous méprenons pas : je suis la première à me méfier du mot « féminisme », dans lequel réside trop souvent une connotation négative contre l'homme. En guise de plaisanterie, je dis toujours : « Je veux bien, mais tout contre ! » Au risque d'en choquer certaines, je trouve qu'actuellement la femme a presque pris trop de pouvoir dans le couple. Cela me paraît dangereux, notamment pour les enfants. Et je suis opposée à la parité dans le sens d'égalité arithmétique entre hommes et femmes : c'est tout simplement ridicule. La femme, c'est évident, avait besoin de se libérer : libérer son corps, d'abord, mais aussi se libérer d'une certaine tutelle masculine. Je suis arrivée après les grands combats : le droit de vote, le droit de posséder son chéquier, le droit de prendre la pilule... Ces combats n'ont donc pas été les miens. Moi, dans ma modeste mesure, j'ai souhaité que la femme ne soit pas seulement mère ou épouse, mais qu'elle soit également femme. Car une bonne mère, c'est d'abord une femme, et une femme épanouie sexuellement. On n'insiste pas assez là-dessus. Si l'on se réfère au discours majoritaire, c'est à croire qu'on ne peut pas être vraiment femme tant qu'on n'a pas été mère ! Voilà un dernier carcan contre lequel je suis d'accord pour me battre. Car comment donner à ses enfants l'envie d'être heureux, si l'on n'est pas soi-même une femme épanouie ? Et comment être épanouie si l'on s'en tient à l'image de la femme véhiculée par l'Église ? Oser dire qu'elle est sortie de la côte d'Adam, par exemple !

Père Patrice Gourrier : Je vous arrête tout de suite, car c'est un faux sens complet. Faux sens certes très répandu, mais un faux sens tout de même. Celui-ci est né, comme le soulignent les auteurs d'un ouvrage intitulé *L'amour n'est pas un péché*[1], de la traduction erronée d'un terme hébraïque. En effet, dans la Bible, on ne parle pas de côte, mais de thorax. Et le thorax était pour les Hébreux la partie la plus noble du corps humain. C'est là que bat le cœur, lui-même centre de

1. Beretta, Roberto, et Broli, Elisabetta, *L'amour n'est pas un péché*, Bayard, 2004, p. 37.

l'affectivité, mais aussi de l'intelligence. Cela montre bien que la femme n'a pas été créée à partir d'une partie secondaire de l'homme, mais à partir de la partie la plus noble, partageant avec lui à égalité cette noblesse. Le premier chapitre de la Genèse pose très clairement l'égalité totale entre l'homme et la femme.

Daniel Garcia : Mais l'image de Dieu est très masculine...

Père Patrice Gourrier : Ce sont les hommes qui sont responsables de cette image. Pas Dieu ! Dans la Bible, il est écrit : « Dieu créa l'humanité, homme et femme Il les créa. » Il y a donc différenciation sexuelle, mais à aucun moment il n'est stipulé qu'un sexe est supérieur à l'autre. Il est même rajouté : « À Son image, il les créa. » Mais il est exact que Dieu, dans la représentation qu'en ont faite les chrétiens, est montré comme un père, voire un grand-père. J'en veux beaucoup, sur ce plan, à l'art chrétien. Même s'il est souvent sublime, j'estime qu'on aurait dû respecter ce qui est écrit dans la Bible : « Tu ne représenteras pas Dieu. » En cherchant à le représenter, nous nous sommes retrouvés piégés, car personne, bien sûr, n'a vu Dieu. Alors, on l'a représenté en grand-père à barbe blanche, un peu comme le Père Noël, qui nous regarde de loin depuis son nuage. C'est un faux sens complet. Mais soyons patients. Je partage l'avis d'un théologien orthodoxe, Alexandre Men, qui considérait que « le christianisme ne fait que commencer ».

Il nous reste de multiples pistes à explorer, ou à approfondir. Dans tous les cas, soyons prudents quand nous parlons de Dieu. Personnellement, je pense toujours à l'avertissement lancé par Maurice Zundel, qui déclarait : « Ne parlez pas de Dieu, vous risquez de l'abîmer ! »

Daniel Garcia : N'avez-vous pas peur qu'on vous reproche un discours détonnant ?

Père Patrice Gourrier : Personne ne peut me condamner quand je dénonce les images perverties de Dieu, et malheureusement nous en traînons encore de nombreuses ! Ainsi, en 2005, après le tsunami survenu en Asie, une femme, que je croisais souvent à la messe, m'a arrêté dans les rues de Poitiers pour m'expliquer que cette catastrophe était un châtiment de Dieu envoyé sur l'Asie pour la punir d'être un foyer de prostitution ! Mais quelle image cette femme avait-elle de Dieu pour proférer pareille affirmation, alors que la toute-puissance de Dieu dont parle la Bible est avant tout une toute-puissance d'amour ? Voltaire a bien résumé les choses en déclarant avec ironie : « Dieu a fait l'homme à son image et l'homme le lui a bien rendu. » C'est exactement cela. Ainsi, et pour en revenir à votre propos, je pourrais vous citer de nombreux ouvrages de spécialistes, théologiens ou exégètes, où l'on voit bien qu'il y a égalité totale de l'homme et de la femme dès le premier chapitre de la Genèse. D'ailleurs, de qui est né le Fils de Dieu ?

D'une femme. Qui suivait Jésus ? Des hommes et des femmes. Au pied de la croix, qui trouve-t-on ? Des hommes et des femmes. Qui sont les premières à se rendre au tombeau, malgré la menace des Romains ? Des femmes. Les femmes sont omniprésentes dans la Bible. Si l'Évangile était, comme le prétendent certains, un texte inventé, ayant pour objectif de lancer une religion imaginée par un esprit illuminé, jamais une telle place n'aurait été accordée aux femmes qui, culturellement, à l'époque, n'occupaient alors dans la société qu'une place secondaire. Jamais non plus n'aurait existé dans l'Évangile ce passage où Jésus, devant la femme adultère, qui selon la loi juive devait être alors lapidée, déclara : « Que celui qui n'a jamais péché lui lance la première pierre. » Après cette injonction, tout le monde partit et cette femme fut sauvée. Alors, Jésus contre les femmes, bien sûr que non !

Daniel Garcia : N'empêche que des générations d'hommes ont exploité les femmes au nom de Dieu.

Père Patrice Gourrier : Oui, mais ce n'est pas chrétien. Le 1er janvier 2007, lors de son discours pour la Journée mondiale de la paix, le pape Benoît XVI a déclaré :

« Le fait que la condition féminine soit insuffisamment prise en considération introduit aussi des facteurs d'instabilité dans l'ordre social. Je pense à l'exploitation de femmes traitées comme des objets et

aux nombreuses formes de manque de respect pour leur dignité... On ne peut se faire d'illusion : la paix ne sera pas assurée tant que ces formes de discrimination qui lèsent la dignité personnelle, inscrite par le Créateur en tout être humain, ne seront pas abolies... »
Comment prétendre, après cela, que le pape serait misogyne ?

Daniel Garcia : Pourtant, que la mère du Christ soit présentée comme une vierge n'incite pas à une bonne perception de la sexualité féminine... On a le sentiment que sa nécessaire « pureté » la condamnait à la virginité.

Père Patrice Gourrier : La virginité de Marie n'est en aucun cas une condamnation de la sexualité ! Certes, Marie est mère sans avoir été femme, mais c'est un cas unique, et uniquement parce que Jésus est Fils de Dieu. Quand il est écrit dans la Bible « Croissez et multipliez », il est bien clair que cela ne se fera pas par l'opération du Saint-Esprit ! Mais, une fois de plus, les hommes ont perverti le message de Dieu. J'ai découvert, avec effarement, qu'il y a une cinquantaine d'années était encore pratiquée dans le Poitou la cérémonie dite des « relevailles ». Lorsqu'une femme accouchait, elle était considérée comme impure, et cette petite cérémonie lui était imposée afin qu'elle puisse retourner à l'Église. Pourtant, jamais il n'est écrit dans l'Évangile qu'une femme, parce qu'elle a accouché, est impure ! Comment pourrait-on être impure en donnant la vie ? C'est un nouvel exemple de perversion humaine de la religion.

Brigitte Lahaie : Mais le sang de nos règles aussi était considéré comme impur !

Père Patrice Gourrier : Ce que vous citez se trouve dans un livre de l'Ancien Testament appelé Lévitique, qui est un code de conduite. De toute manière, sur de très nombreux sujets, l'Église a évolué au fil des siècles. Elle a ainsi, pendant un temps, refusé qu'on enterre religieusement les comédiens et les suicidés. Ce n'est plus le cas aujourd'hui. Sur les femmes, sur la sexualité, elle n'a cessé d'affiner sa pensée et de se démarquer des influences grecques, notamment, qui ont orienté, et je ne le nie pas, le regard de certains auteurs chrétiens sur la sexualité. Mais, comme le soulignait le cardinal Hoeffner, archevêque de Cologne : « La doctrine de l'Église sur la sexualité doit être nettement distinguée de l'opinion de tel ou tel Père de l'Église, ou de tel ou tel professeur de théologie [1]. » L'Église, comme chacun d'entre nous, est en perpétuel devenir. Elle doit se battre contre les pesanteurs humaines qui reviennent sans cesse au galop. Mais dans les faits, le « sexe faible » n'est pas forcément celui qu'on pense.

---

1. Cité par Beretta, Roberto, et Broli, Elisabetta, *L'amour n'est pas un péché*, *op. cit.*, p. 163.

Daniel Garcia : Allons donc !

Père Patrice Gourrier : Dans les préparations au mariage, je suis frappé de voir que c'est très souvent la future mariée qui dirige les choses. Je pense, en particulier, à un couple où la jeune fille répondait systématiquement à toutes mes questions. À un moment, j'ai demandé au garçon s'il faisait du sport. « Oui, il court tous les samedis », m'a-t-elle répondu, sans lui laisser le temps d'ouvrir la bouche. Je me suis gentiment fâché, lui soulignant que je m'adressais à son compagnon et non à elle. Celui-ci a alors déplié ses jambes, s'est redressé, et a lancé à sa fiancée : « Tu as entendu ce qu'a dit le curé ? C'est à moi qu'il parle ! » J'ai bien cru que le soir même leur couple allait exploser ! Mais c'est tout le contraire qui s'est passé. Il s'est renforcé parce que tout à coup, il était plus équilibré.

Daniel Garcia : Brigitte, vous souriez ?

Brigitte Lahaie : Ce que raconte le père Patrice Gourrier me fait très plaisir. Je trouve en effet que nous vivons une période un peu délicate dans les rapports homme/femme. Je vois, en ce moment, autour de moi, des femmes qui divorcent pour élever seules leur enfant. L'homme, tout à coup, est réduit à l'état de Kleenex, et cela m'inquiète beaucoup. Être femme, c'est aussi avoir besoin d'un homme. Y compris pour l'enfant. J'ai le sentiment que nous entrons dans une société où trop de femmes sont tentées de se donner tous les droits. Ce qui me frappe aussi, c'est le nombre de maris qui acceptent des choses incroyables de leur épouse. Exemple type, de plus en plus courant : la femme qui prend un amant, et son mari qui s'y résigne, par peur de la perdre. Il est malheureux, bien sûr, mais il croit qu'il n'a pas le choix et qu'il est obligé d'accepter. À tel point qu'il faut vraiment le secouer pour lui faire comprendre que la situation n'est pas normale et qu'il doit réagir. On voit de plus en plus ce genre de situation où la femme, désormais, est toute-puissante. Ce n'est pas parce que les hommes se l'autorisaient hier que les femmes doivent se le permettre aujourd'hui. D'une guerre des sexes, on est passé à une autre guerre des sexes, inversée, mais ce n'est toujours pas la paix.

Daniel Garcia : Qu'en pense l'homme d'Église ?

Père Patrice Gourrier : Lorsque l'Église dit que le père doit être le père et la mère la mère, chacun dans son rôle, cela passe mal et on nous reproche alors un discours moralisant et ringard. Mais quand, en faculté de psychologie, les enseignants expliquent aux étudiants qu'aux yeux de l'enfant l'homme ne peut être père que grâce au discours et au regard de la mère, car c'est la mère qui introduit le père dans son rôle, tout le monde trouve cela merveilleux. Sur les rapports homme/femme, je constate donc que l'Église dit maladroitement – ou, du moins, ses propos sont perçus comme maladroits – des choses qu'on retrouve chez Lacan, ou chez certains psychologues modernes. Il serait urgent de renouer avec ce discours, quand on voit se multiplier les situations que décrit Brigitte. J'ai même vu des femmes obliger leur mari à partir en vacances avec leur amant !

Daniel Garcia : Aimer, ce n'est pas tout supporter...

Brigitte Lahaie : Bien sûr que non. Et ce genre de situation trahit d'abord un manque de respect pour le partenaire ou le conjoint. L'échangisme ne me choque pas. L'infidélité, en soi, non plus. Mais quand il n'y a pas d'accord réciproque sur un système, cela traduit un manque évident de respect de l'autre, et induit une souffrance. Aujourd'hui, j'ai le sentiment que la souffrance est davantage du côté des hommes. Ce qui est sûr, c'est qu'ils sont en perte de repères. Et je les trouve plutôt déprimés.

Daniel Garcia : Ah, le voilà, le fameux malaise des hommes...

Père Patrice Gourrier : Il est réel. Je l'ai bien vu lorsque j'étais aumônier des étudiants. Certains garçons étaient paniqués à l'idée d'avoir une première expérience amoureuse. Ils craignaient de ne pas pouvoir faire face, de ne pas être à la hauteur de la performance que l'autre attendrait d'eux.

Daniel Garcia : L'angoisse de la première fois a toujours existé.

Brigitte Lahaie : Certes, mais ce qui est nouveau, c'est que les garçons, aujourd'hui, éprouvent non pas l'angoisse de ne pas être à la hauteur en tant que partenaire, mais en tant qu'homme. Cela peut s'expliquer assez facilement. De nos jours, les qualités viriles qui permettaient autrefois à l'homme d'exister, d'asseoir sa suprématie, ne veulent plus rien dire, dès lors que des machines remplacent la force musculaire et qu'on voit de plus en plus de femmes exercer des métiers réputés masculins. Nous vivons donc une période transitoire, certes difficile, mais je ne me fais pas vraiment d'inquiétudes sur le long terme. Je suis convaincue que les rapports homme/femme retrouveront un équilibre. Simplement, cela prendra un petit peu de temps. Le vrai problème aujourd'hui, c'est que nous avons, les uns et les autres, la chance de tout pouvoir faire. Les femmes sont libres d'être des femmes masculines, les hommes sont libres d'être des hommes féminins, nous pouvons à notre convenance choisir de vivre en couple, de rester célibataire, d'élever ou non des enfants... Face à tant de liberté, l'être humain tombe facilement dans la dépression, car il sait qu'il devient l'unique responsable de son malheur, lorsque ça ne va pas. Cette totale liberté est fatalement angoissante, dans la mesure où chacun se retrouve confronté à son choix de vie. Et ce qu'on découvre, c'est que choisir sa vie privée, c'est un vrai travail. Alors qu'autrefois on ne choisissait pas, ou si peu : c'étaient souvent vos parents qui choisissaient pour vous. Et ensuite, on allait jusqu'au bout.

Père Patrice Gourrier : Ce que nous venons de dire me fait penser à un ouvrage récent, *Où est passé l'amour*, écrit par Luong Vincent, neurobiologiste. Pour celle-ci, l'amour est dû à l'ocytocine, une neurohormone. Mais elle va plus loin, annonçant la fin de l'amour, les femmes devenant moins féminines et les hommes moins masculins. Pour cette scientifique, « nous allons traverser une période de grande nostalgie pour l'amour fort qu'une femme et un homme pouvaient naguère se porter ; les plus jeunes s'étonneront de ne pas connaître les sensations dont ils peuvent lire la description dans de vieux livres[1] ».
Voilà à quoi nous mènent les théories qui réduisent l'homme à une machine, à une chose. Voilà ce que nous avons à combattre.

1. *Le Point*, n° 1824, 30 août 2007, p. 100.

III

La difficulté de la rencontre

Daniel Garcia : Paris – et les grandes villes – débordent de célibataires esseulés. Les sites Internet de rencontre font fortune. On peut se demander si ce n'est pas cette liberté de choix – de choix de vie, que Brigitte évoquait dans le chapitre précédent, qui rend plus délicat l'exercice de la rencontre ?

Brigitte Lahaie : Je n'ai pas le sentiment que la rencontre soit plus difficile qu'avant. Au contraire : la plus grande mixité de notre société la favorise. En revanche, je suis convaincue que c'est après que la situation se corse : après le premier échec, après la première séparation, le premier divorce... toutes expériences fortement douloureuses. C'est à ce moment-là que s'installe la peur de l'autre, qui est d'abord la peur de vivre un nouvel échec. Mais, d'entrée de jeu, je crois sincèrement que les jeunes sont beaucoup plus ouverts les uns envers les autres que ne l'étaient notre génération et a fortiori celle de nos parents.

Daniel Garcia : Mais il y a rencontre et rencontre...

Père Patrice Gourrier : Oui ! Il existe une notable différence entre la rencontre destinée à la « consommation » et celle destinée à créer du lien. J'attache beaucoup d'importance à ce que l'on distingue bien les deux. Actuellement, en effet, nous vivons dans une société où l'on communique, mais qui crée peu de lien. Peut-être, justement, parce que les gens ont peur de créer du lien. Ainsi, par exemple, l'été dernier, j'ai officié à un mariage durant lequel une bonne quinzaine de téléphones portables ont sonné dans l'église durant la célébration, les gens n'hésitant pas à répondre ! Pourtant, devant eux, un homme et une femme exprimaient le désir de construire quelque chose, et de créer du lien. La différence me semblait si éclatante et si immédiatement perceptible que j'ai construit mon homélie là-dessus. Inutile de préciser que j'ai jeté un froid dans l'assistance ! Créer du lien, c'est comme aimer : cela s'apprend. Le problème, c'est que l'instrument phare de notre époque, la télévision, ne crée pas de lien. C'est ce qui m'inquiète pour les jeunes générations. Si c'est cela qu'on leur transmet, c'est cela qu'ils vont vivre.

Daniel Garcia : Alors, comment le créer, ce lien ?

Père Patrice Gourrier : Cette capacité à créer du lien est en nous. Simplement, il faut la travailler, pour qu'elle puisse se développer. Et c'est ce qui nous manque, aujourd'hui. Je me souviens d'un feuilleton télévisé intitulé *Les Feux de l'amour*. Les quelques rares épisodes que j'ai regardés montraient des personnages sans cesse avec des partenaires différents. Où était le lien, dans ces conditions ? Que devenait-il ? Créer du lien, c'est d'abord fructueux pour soi-même : c'est une source d'épanouissement personnel. Et, désolé, ce n'est être ni ringard, ni frustré, ni catho coincé, que de marteler cette vérité qu'on oublie un peu trop de nos jours.

Daniel Garcia : Le lien virtuel, ce n'est pas du lien ?

Brigitte Lahaie : A mes yeux, non. La révolution d'Internet, et c'en est une, qui présente tous les formidables avantages que l'on connaît, joue ici dans le mauvais sens. Internet, c'est l'art de s'engager sans vraiment s'engager. Mais ne nous voilons pas la face : l'essor de ces rencontres virtuelles est bien la conséquence d'une peur de la « vraie » rencontre. Ce qu'il faut bien comprendre, c'est que cette peur de la rencontre, c'est d'abord celle que l'autre vous rencontre et vous voie tel que vous êtes. Dans votre enveloppe charnelle comme dans vos réactions face au quotidien.

Daniel Garcia : D'où, peut-être, ce « grand retour » de l'abstinence chez les moins de trente ans, évoqué dans les pages « Tendance » de la presse ?

Père Patrice Gourrier : C'est très frappant, en effet. Et il n'y a pas qu'un phénomène de mode, chez ces jeunes gens qui revendiquent aujourd'hui l'abstinence. C'est tout d'abord un retour du balancier provoqué par une trop grande facilité sexuelle. En caricaturant à peine : on se rencontre en boîte, on couche, et l'on voit ensuite si l'on a des choses à se dire au petit déjeuner, auquel cas on se revoit éventuellement. Mais c'est aussi une réaction suscitée par la peur de l'autre. Nous vivons dans une société qui rêvait de se libérer et qui se retrouve, aujourd'hui, habitée foncièrement par la peur, et notamment par celle de la rencontre avec l'autre.

IV

Le difficile art d'aimer

Daniel Garcia : Pour un prêtre, quels sens le mot « aimer » peut-il revêtir ?

Père Patrice Gourrier : Aimer est un grand sujet, l'un des plus difficiles à mes yeux ! Quand on devient prêtre, on vous explique que vous êtes censé aimer tout le monde. Mais prétendre aimer tout le monde, c'est à mon sens le meilleur moyen de n'aimer personne, sauf pour Dieu, bien entendu ! Je répète souvent ce que Charlie Brown, un héros de bande dessinée, déclarait : « J'aime l'humanité, ce sont les gens que je ne peux pas voir. » Selon moi, aimer n'est pas inné. Aimer, cela s'apprend au quotidien. Aimer vraiment, c'est aussi aimer ceux qui ne pensent pas comme vous, qui ne partagent pas vos idées, vos convictions, qui ne voient pas la foi de la même manière que vous. Nous avons là-dessus un gros travail à entreprendre au sein de nos communautés chrétiennes, encore parfois bien intolérantes...

Daniel Garcia : Est-ce pour cela que Benoît XVI a consacré sa première Encyclique à l'amour ?

Père Patrice Gourrier : Je l'ignore. Mais en intitulant cette première Encyclique « Dieu est amour », Benoît XVI a d'emblée voulu soulever l'une des questions les plus difficiles de notre existence. Dans ce texte, le pape tente de faire redécouvrir les fondamentaux de notre foi, et notamment ce qu'il y a de plus essentiel : la rencontre avec le Christ.
« À l'origine du fait chrétien, il n'y a pas une décision éthique ou une grande idée, mais la rencontre avec un événement, avec une personne, qui donne à la vie un nouvel horizon et par là son orientation décisive[1]. »
Ainsi, pour moi, et n'en déplaise aux Tartuffe du XXIe siècle, le christianisme n'est pas une morale, mais une rencontre qui bouleverse l'existence. Quand on a rencontré véritablement le Christ, on ne peut plus faire n'importe quoi, et on est appelé à tenter de vivre un idéal d'amour. Je comprends mieux, chaque jour, pourquoi saint Augustin disait : « Aime et fais ce que tu veux ! » Quand on aime vraiment, on ne peut plus vivre n'importe comment.

Daniel Garcia : Brigitte, on suppose que chez vous le mot « aimer » revêt une autre signification ?

1. Benoît XVI, *Dieu est amour, op cit.*, p. 18.

Brigitte Lahaie : J'opère souvent la distinction entre aimer et être amoureux. Être amoureux, c'est avoir besoin de l'autre, se retrouver plus ou moins dans la dépendance de l'autre, parce qu'il nous donne l'impression de vivre, d'exister. En réalité, ce n'est pas l'autre qu'on aime, mais nous-mêmes à travers l'autre. Aimer, au contraire, c'est aimer l'autre tel qu'il est, pour ce qu'il est. Cela va jusqu'à accepter que l'être aimé puisse avoir une aventure ou une liaison avec quelqu'un d'autre – ce qui n'empêche pas qu'on puisse en souffrir terriblement. Mais l'amour au sens noble, cela devrait être ça.

Père Patrice Gourrier : Ce que nous apprend la vie du Christ, sa mort et sa résurrection, c'est qu'il n'y a pas de plus grand amour que de donner sa vie pour ceux qu'on aime. Dieu nous a tellement aimés qu'il a accepté de mourir pour nous. On ne peut qu'être bouleversé par cela !

Brigitte Lahaie : Cela, c'est l'amour de Dieu. Mais l'*agapè*, l'amour véritable, au sens le plus total du terme, n'existe jamais entre deux êtres humains. Le seul amour humain absolu, c'est celui qu'éprouve l'enfant pour sa mère, aux premiers mois de sa vie, et en même temps, c'est un amour très dépendant ! Une relation de couple, à l'inverse, est forcément conflictuelle. Penser que l'amour véritable est possible entre humains relève à mes yeux de l'utopie. Il faut savoir accepter que l'amour se confronte à la réalité, savoir accepter que l'autre, parfois, puisse nous décevoir, ou que nous puissions éprouver à son endroit de la haine ou de l'agressivité. Tout cela est simplement humain.

Daniel Garcia : Vous défendez l'un et l'autre des notions très nobles de l'amour, mais n'avez-vous pas le sentiment qu'aujourd'hui il est surtout atteint par le consumérisme ambiant ?

Père Patrice Gourrier : Il faut avoir une vision noble de l'amour humain, et c'est pourquoi je ne suis pas d'accord avec ce que vient de dire Brigitte Lahaie. Dans le mariage chrétien, les deux époux sont appelés à vivre l'*agapè*, c'est-à-dire un amour fondé sur la foi et modelé par elle[1]. Ainsi, lors du mariage, au moment de l'échange des consentements, les époux se déclarent mutuellement et librement les mêmes paroles : « Je te reçois comme époux(se) et je me donne à toi, pour t'aimer toute notre vie. » Se donner ainsi librement à l'autre, c'est tout le contraire de notre société consumériste, où l'on passe son temps à prendre. Ce mot « prendre » est aujourd'hui omniprésent dans le langage. « Je prends mon train », « Je prends tel objet », etc. Et nous sommes tellement habitués à prendre, désormais, que lorsque quelque chose ne nous plaît plus, on la jette. Or, en amour, on ne prend pas. C'est en tout cas le message que délivre l'Église : elle accorde un sens si fort à l'amour,

1. Benoît XVI, *Dieu est amour*, *op cit.*, p. 30.

elle place la barre tellement haut qu'elle met en garde contre toute contamination de l'amour par cet esprit consumériste. Là encore, ce n'est pas un discours rétrograde, c'est l'affirmation lumineuse que l'amour est le don total de la personne, dans son âme comme dans son corps. Ainsi, saint Paul, dans sa Lettre aux Éphésiens, va jusqu'à montrer que l'union de l'homme et de la femme, dans l'égalité et le respect de la différence, est signe de l'alliance de Dieu avec l'humanité.

Daniel Garcia : Cette façon de « prendre et de jeter » que vous décrivez, ne traduit-elle pas plutôt un manque de confiance dans la relation à l'autre ?

Père Patrice Gourrier : Peut-être, mais, comme le dit saint Jean : « L'amour ne connaît pas la peur. » La peur ne survient que lorsqu'il n'y a pas – ou plus – d'amour.

Brigitte Lahaie : C'est très beau, mais très utopique. Dès qu'il y a amour, il y a forcément peur. Peur de perdre l'autre, principalement.

Père Patrice Gourrier : Pourtant, ce que vous disiez tout à l'heure de votre propre conception de l'amour – être capable d'aimer quelqu'un au point d'accepter qu'il ou elle vous quitte – exige bien un certain détachement, non ?

Brigitte Lahaie : Oui, mais je le décrivais comme un idéal qu'il faut s'efforcer d'atteindre. Cet état amoureux-là, peu de gens, à mon sens, le connaissent. C'est un objectif élevé, qui demande beaucoup de travail sur soi.

Daniel Garcia : Vous êtes donc bien d'accord, l'un et l'autre, pour dire que le mariage n'est en aucun cas un aboutissement ?

Père Patrice Gourrier : C'est même le contraire, si j'ose dire ! Le jour du mariage, j'explique toujours aux couples que cette célébration n'est pas une fin en soi, mais qu'elle marque le début de quelque chose. Je ne voudrais surtout pas qu'ils s'imaginent que c'est terminé et qu'il n'y a plus d'efforts à faire ! En résumant très vite, au risque de caricaturer : deux écueils principaux menacent la pérennité du mariage. Pour la femme, devenir mère et uniquement mère, en oubliant qu'elle est une femme et une épouse. Et pour l'homme, croire que tout est acquis, qu'il n'a plus besoin de séduire. Or il est très important que la séduction demeure, d'un côté comme de l'autre, dans la vie de tous les jours.

Daniel Garcia : Arrêtons-nous un instant sur le mariage, même si nous y reviendrons plus longuement dans le chapitre suivant. Vous qui les rencontrez, expliquez-nous pourquoi, en 2007, des jeunes couples tiennent encore à s'unir devant Dieu ? En quoi le mariage religieux fortifie-t-il leur amour ?

Père Patrice Gourrier : C'est à eux qu'il faudrait poser la question. Il me semble cependant qu'il n'existe pas une raison, mais de multiples raisons, et le prêtre que je suis le constate lors des réunions de préparation au mariage. Il y a ceux qui font ce choix par tradition familiale ; ceux qui le font parce que la cérémonie à la mairie ne les satisfait pas, ne témoignant pas d'assez de décorum. Ceux-là souhaitent un rituel, une mise en scène, qui dure un certain temps. Il y a aussi ceux qui se marient animés par le désir de ne pas vivre ce que leurs parents ont vécu, à savoir le divorce et la séparation. Et puis il y a ceux qui se marient à l'église par réelle conviction religieuse. Ces divers cas de figure sont bien sûr souvent étroitement mêlés, et les choses ne sont jamais aussi tranchées. Il faut comprendre que le mariage, chez nous chrétiens, est un sacrement, alors que le célibat n'en est pas un. Cela montre bien l'importance accordée au mariage. Ces jeunes couples désirent alors se marier à l'église parce qu'ils croient que ce sacrement va faire grandir leur amour, et leur permettre notamment d'affronter les événements difficiles de la vie. Ils savent, en effet, qu'ils connaîtront des épreuves, et c'est pourquoi, durant la célébration, nous prions Dieu d'être là dans les bons moments comme dans les mauvais.

Daniel Garcia : Brigitte, vous faites la moue...

Brigitte Lahaie : Ce qui m'ennuie, dans ce don total à l'autre, c'est l'aspect, je le répète, de pure utopie. Avant, oui, les vies étaient moins longues, l'ouverture aux autres et au monde était moins importante... Mais aujourd'hui, un être humain s'épanouit plus grâce à la richesse des autres. Vivre en circuit fermé, c'est se condamner à la sclérose.

Père Patrice Gourrier : Le propre du véritable amour, c'est de rayonner. Je suis toujours émerveillé de voir, quand deux personnes sont amoureuses, à quel point elles donnent l'impression de communiquer leur amour, comme le soleil sa chaleur, autour d'elles. Mais vous avez raison de souligner qu'un amour fermé conduit à l'impasse. Il existe de « mauvaises manières » d'aimer, comme l'écrit Teilhard de Chardin dans un texte magnifique [1] – enfermer l'autre en est une, ou le voir tel que l'on voudrait qu'il soit et non pour ce qu'il est. Il est vital qu'un amour soit ouvert, à la dimension du couple, des enfants à venir, mais aussi à une dimension quasi universelle. Certes, c'est utopique, et alors ! Notre tort, aujourd'hui, me semble-t-il, est justement de vivre dans une société qui manque d'utopie, d'idéal. Je pense que le christianisme, quelque part, est une utopie qui nous pousse

1. Teilhard de Chardin, *Sur le bonheur : sur l'amour*, Seuil, Collection « Points Sagesses », 2004.

à nous dépasser et qui puise sa source dans les promesses de Dieu, transformant alors l'utopie en espérance. Sans cela, le principe de réalité serait mortel et le pragmatisme nous étoufferait.

Daniel Garcia : C'est placer la barre bien haut...

Brigitte Lahaie : Voire trop haut ! Un garçon ou une fille de vingt ans ne peut pas nourrir cet objectif d'amour universel que vous évoquez, mon père. Il (ou elle) n'est pas dans l'amour, il est amoureux, au sens où j'opérais tout à l'heure la distinction entre aimer et être amoureux.

Père Patrice Gourrier : Permettez-moi de vous raconter ce qu'écrit Teilhard de Chardin dans le texte que je citais tout à l'heure. Imaginons, disait-il, que demain matin après une noce, nous partions tous escalader une montagne voisine. Au bout d'une heure, quelques-uns voudront retourner au village, car ils s'y sentaient très bien et trouvent que marcher est fatigant. Ceux-là vont donc revenir à leur point de départ. Les autres vont continuer jusqu'à midi, puis vont s'arrêter dans une clairière pour pique-niquer. Après le pique-nique, certains ne souhaiteront pas reprendre la marche : de la clairière, ils voient le sommet de la montagne, et cela leur suffit. Un petit groupe, cependant, poursuit l'excursion et atteint la cime. Avec cette histoire, Teilhard de Chardin dessine trois types de bonheur. Le bonheur des « fatigués »

– ceux qui sont revenus au bout d'une heure et dont la philosophie pourrait se résumer à « Ne tentons rien, et nous ne serons pas déçus ». Le bonheur des « bons vivants » – ceux qui sont restés sur l'herbe de la clairière, à contempler la montagne après un bon repas. Pour eux, il s'agit avant tout de profiter. Et enfin, le troisième type de bonheur, celui du petit groupe qui a escaladé la montagne et que Teilhard de Chardin décrit comme le bonheur des « ardents » ; le bonheur ne valant pas alors tant pour lui-même que pour les dépassements perpétuels auxquels il nous appelle. Dans nos vies, selon les moments, selon les jours, nous sommes soit des « fatigués », soit des « bons vivants », soit des « ardents ». Mais ce qu'il faut comprendre, à travers cette histoire, c'est que le bonheur, l'amour ne valent pas seulement par et pour eux-mêmes. Le dépassement qu'ils nous demandent – et le désir de ce dépassement – est plus important que le résultat. Et c'est ce en quoi, moi, je crois. C'est cette utopie de l'amour qui est nécessaire et importante. Cet amour qui est don de soi.

Brigitte Lahaie : Si je vous suis bien, aimer, ce n'est pas posséder, mais au contraire se déposséder ?

Père Patrice Gourrier : Oui, aimer, c'est accepter de se déposséder. Mais, encore une fois, cela s'apprend.

Daniel Garcia : En même temps, nous vivons un luxe inouï. C'est la première fois, dans l'histoire de l'humanité, que le couple existe pour l'amour...

Brigitte Lahaie : En effet ! Avant, le couple existait uniquement pour la famille, ou pour des raisons matérielles. C'est parfois encore le cas. Mais, désormais, la plupart des gens souhaitent ardemment réussir leur couple. Seulement, le père Patrice Gourrier a raison : on ne leur apprend pas comment aimer, comment ça marche, un couple, comment guérir de ses blessures... D'où ces demandes, ces questionnements, auxquels nous sommes confrontés l'un et l'autre quotidiennement.

Père Patrice Gourrier : C'est évident. Beaucoup de femmes ne savent plus aujourd'hui où est leur vraie place, beaucoup d'hommes ne savent pas comment être père, si bien que l'enfant, au milieu, se retrouve face à des personnes qui ne sont pas capables de lui apprendre comment aimer. Regardez la série télévisée *Desperate Housewives*, qui rencontre un franc succès : c'est un excellent miroir de notre société. Les enfants qu'on y croise sont tous perdus, parce que leurs parents sont eux-mêmes perdus, et du coup, il n'y a plus de transmission des valeurs d'amour.

Daniel Garcia : Dernière chose, avant de refermer ce chapitre : on ne peut pas parler d'amour sans évoquer l'amour de soi...

Brigitte Lahaie : Ceux qui sont capables d'amour sont ceux qui, déjà, s'aiment bien. Tant qu'on nourrit une mésestime de soi, on ne connaît que des relations à l'autre très dépendantes. Je suis frappée de voir la souffrance des personnes, hommes ou femmes, qui m'appellent lorsqu'elles viennent de découvrir une infidélité de leur partenaire : dans 95 % des cas, ce qui les fait souffrir, c'est la sensation de ne plus rien valoir aux yeux de l'autre, et qu'à l'inverse une tierce personne vaut désormais quelque chose pour lui ou pour elle. L'amour de soi est donc capital, et évidemment le premier amour qu'on aura eu, celui sur lequel tout sera fondé, c'est l'amour de ses parents, le père Patrice Gourrier a eu raison d'en rappeler l'importance. Si cet amour-là a été mal vécu, il est bien sûr toujours possible, après, de réparer ses blessures. Mais cela peut prendre des années. C'est pourquoi je pense qu'il est difficile, à vingt ans, de pouvoir parler vraiment d'amour. Il faut du temps. On est beaucoup plus jaloux à vingt ans qu'on ne l'est à quarante. La vie a tracé son chemin... Je crois aussi qu'on ne peut pas vraiment approcher ce qu'est l'amour tant que l'on n'a pas testé sa capacité à être seul. Quand on sait vivre seul, on vit mieux à deux. L'amour, enfin, a également à voir avec notre rapport à la mort et à l'éternité. Une relation à deux, c'est souvent une manière de vouloir nier la mort, mais cela peut aussi être une manière de toucher du doigt l'éternité.

V

Mariage et fidélité

Daniel Garcia : Épouser quelqu'un, dans le discours de l'Église, revient donc à renoncer à tous les autres. Et à toutes les tentations. C'est bien cela ?

Père Patrice Gourrier : Vous savez, choisir, c'est toujours renoncer ! Pour ce qui concerne la tentation, il ne s'agit pas tant d'y renoncer, ce qui est impossible, que de tout faire pour ne pas y succomber. Nous pensons, nous disciples, que c'est possible avec l'aide de Dieu et du sacrement du mariage.

Brigitte Lahaie : Certes. Mais il ne faut pas non plus être dogmatique ! Sinon, c'est la fin de la liberté.

Père Patrice Gourrier : Ce n'est pas du dogmatisme, mais le désir de vivre et d'assumer un engagement pris librement devant Dieu et devant les hommes. Vous parlez de liberté, mais un peintre, par exemple, est libre de peindre ce qu'il veut. Et pourtant, il s'impose des limites : le cadre du tableau, ou la taille du mur, ou celle du plafond sur lesquels il peint. Dans cette limite, il est libre, mais il a besoin de ce cadre pour exécuter son œuvre. Dans l'amour, dans le mariage, c'est un peu la même chose. La contrainte crée la liberté. C'est dans ce cadre que les époux sont appelés à faire de leur vie une œuvre d'art comme nous y invitait le philosophe grec Parménide. Le mariage, c'est la réalisation à deux d'une œuvre d'art. Chez certains, elle sera flamboyante, chez d'autres, elle sera plus sobre.

Brigitte Lahaie : Donner des modèles, d'accord. Mais des directives, non. Et vous ne pouvez pas nier que les conditions de vie des couples mariés ont beaucoup changé, au cours des dernières décennies. Ainsi, le monde du travail, devenu totalement mixte, est aujourd'hui le premier vivier d'adultère. Les tentations, dans notre société moderne, sont multiples. C'est d'ailleurs pour cela que l'échangisme connaît aujourd'hui une telle popularité. Parce qu'il représente une manière de rester fidèle sans l'être. C'est un arrangement qui vaut ce qu'il vaut, mais que, personnellement, je ne trouve pas si mal.

Daniel Garcia : Que pensait Jean-Paul II de l'échangisme ?

Père Patrice Gourrier : Votre question est surprenante ! Mais, permettez-moi, avant de vous répondre, de revenir sur la question de la tentation, car c'est un sujet important. Celle-ci n'est pas à mes yeux mauvaise en soi, car c'est dans la tentation que s'exprime notre liberté. Le tout est de ne pas y succomber. Ainsi, lorsque j'ai été ordonné prêtre, un jeune qui avait été ordonné avec moi me déclara une fois dans la sacristie : « Maintenant, je ne peux plus tomber amoureux. » Une telle déclaration m'a surpris, et j'ai eu envie de lui dire que les choses étaient plus complexes que cela ! Bien sûr que, même prêtres, nous sommes susceptibles de tomber un jour amoureux. Le tout est alors, lorsque la tentation survient, de se souvenir de l'engagement pris et de se positionner par rapport à celui-ci. Qu'est-ce qui est le plus important ? Rester prêtre ou prendre une autre voie ? À chacun, en son âme et conscience, de faire son choix. Mais, pour répondre à votre question provocatrice sur l'échangisme, sujet avec lequel je suis peu familier, Jean-Paul II, à ma connaissance, n'en a jamais parlé ! Dans mon quotidien de prêtre, il m'est néanmoins arrivé d'être confronté à cette question. En effet, il y a quelques mois, un couple est venu me trouver, pour m'expliquer qu'ils appartenaient à un groupe d'échangistes chrétiens...

Brigitte Lahaie : C'est trop drôle !

Père Patrice Gourrier : Pour être franc, je n'ai pas ri ! Pratiquant l'échangisme entre chrétiens, ils estimaient que tout allait pour le mieux ! Cependant, je suis parti du principe que s'ils étaient venus parler à un prêtre, c'est qu'ils pressentaient que quelque chose, passez-moi l'expression, ne « collait pas ». Discutant avec eux, je me suis alors aperçu que l'épouse subissait la situation, par peur de perdre son mari. Elle a pu alors s'exprimer et dire devant le témoin neutre que j'étais ce qu'elle avait sur le cœur. Ils ne sont pas repartis comme ils étaient venus !

Brigitte Lahaie : Je connais beaucoup de couples qui vivent très bien cette expérience.

Père Patrice Gourrier : Je n'y crois pas, et je maintiens que l'échangisme n'est conforme ni à l'idéal de l'amour, ni a fortiori à ce que l'Église transmet du mariage et de la fidélité dans le couple. Les deux époux se sont donnés l'un à l'autre, pas à la communauté.

Daniel Garcia : Nous parlions pourtant, au précédent chapitre, du rayonnement de l'amour...

Père Patrice Gourrier : Vous plaisantez, sans doute ! Dans l'échangisme, je ne parlerais pas d'amour, mais de pulsions et d'hormones. Cette rencontre m'a cependant donné à réfléchir sur le fait que les gens qui se marient à l'église ne mesurent pas forcément bien ce que cet engagement représente. C'est pourquoi je souligne parfois, durant la célébration du mariage, lorsque je sens l'assistance un peu dissipée, et au risque de casser l'ambiance, que les minutes qui vont suivre sont uniques, car on ne se marie qu'une seule fois à l'église. Cela donne à la cérémonie un caractère de gravité, que toute l'assistance ressent.

Brigitte Lahaie : Mais je suis aussi pour que le couple dure ! C'est bien pourquoi je suis contre cet argument de fidélité absolue que vous prêchez.

Daniel Garcia : Vous encouragez plutôt les petits arrangements entre amis...

Brigitte Lahaie : Oui, sans la moindre hésitation. Je préfère un couple qui va fêter ses noces de diamant, mais qui aura connu des incartades, avouées ou non, que des couples successifs. La question de la fidélité, et partant de l'infidélité, est une vraie question de société.

Père Patrice Gourrier : C'est une vraie question de société et c'est pour cela que je ne peux pas partager votre avis et que je ne cautionne pas vos propos. Je vois trop d'hommes et de femmes dont la vie a été brisée, et je souligne « brisée », parce que vous qualifiez pudiquement d'incartades. De combien de dépressions, de tentatives de suicide, de familles et de vie détruites à jamais, voire de meurtres vos « incartades » sont-elles à l'origine ? L'amour trompé fait trop de dégâts aujourd'hui pour que je puisse vous laisser faire l'éloge de ces « petits arrangements ». Enfin, et ce n'est pas à négliger, n'oublions pas non plus les effets collatéraux de l'infidélité chez les enfants de ces couples.

Brigitte Lahaie : Une relation parallèle – je déteste le mot adultère – permet parfois à un couple de rester uni. L'un va chercher ailleurs, à un moment donné, ce qui manque dans le couple, parce que l'autre ne peut pas tout donner pendant soixante ans. Vous parlez d'idéal, sauf que l'idéal n'est jamais que cela : un idéal, autrement dit un but jamais atteint.

Père Patrice Gourrier : Pardonnez-moi, mais votre point de vue me semble dépassé. Selon un récent sondage [1], 84 % des Français sont favorables à la fidélité et considèrent qu'elle est une condition centrale de la réussite de la relation amoureuse. Chez les catholiques pratiquants, le pourcentage monte jusqu'à 96 % !

Brigitte Lahaie : On fait comment, alors, en cas de pulsions ? On se masturbe ? Au fait, la masturbation est-elle toujours condamnée par l'Église ?

Père Patrice Gourrier : Je ne suis pas sûr de bien voir le rapport, mais en ce qui concerne la masturbation, si celle-ci n'est pas condamnée, elle n'est pas encouragée non plus. Là encore, l'Église se réfère à sa haute

1. *La Vie*, numéro spécial « Les Cathos et le sexe », n° 3226, 28 juin 2007.

conception de la vie et de la relation à l'autre. La masturbation, c'est la non-rencontre avec l'autre. Un discours hygiéniste de la sexualité est réducteur et peu digne de l'homme.

Daniel Garcia : En quoi cela gêne-t-il l'Église qu'un homme ou une femme se masturbe tous les matins ?

Père Patrice Gourrier : Est-ce une preuve d'équilibre affectif ? Je n'en suis pas sûr.

Brigitte Lahaie : On fait bien cinq minutes de gymnastique tous les matins. Pourquoi pas cinq minutes de masturbation !

Père Patrice Gourrier : Je ne suis pas certain que les psychologues et les psychanalystes applaudissent à vos propos !

Daniel Garcia : Les psychologues, peut-être pas. En revanche, les sexologues sont tous d'accord sur les vertus de la masturbation.

Père Patrice Gourrier : La question de la masturbation nous ramène, à mes yeux, à un problème déjà évoqué : la peur de la rencontre avec l'autre.

Brigitte Lahaie : Mais pas forcément ! Certains hommes ont de gros besoins sexuels. La masturbation leur permet d'être moins demandeurs avec leur compagne.

Père Patrice Gourrier : Je vous ai donné mon sentiment, et le discours de l'Église, mais votre insistance sur ce sujet m'invite à vous donner un point de vue plus personnel. Je pense sincèrement que l'Église n'a pas à « s'inviter » dans le lit des gens, et qu'elle doit, sur ces questions de sexualité, garder un certain recul, renvoyant chacun à sa conscience. Le catéchisme du Concile de Trente, auquel se réfèrent les catholiques les plus « rigoristes », recommandait aux prêtres de s'exprimer sur ces questions de manière que ne sorte de leur bouche aucun mot qui pût sembler inconvenant aux oreilles des fidèles[1]. La parole de l'Église en ce domaine constitue à mes yeux une proposition, chacun étant invité à se situer par rapport à elle. L'Église, de son côté, n'a pas à jeter d'anathèmes *ex cathedra*. D'ailleurs, le pape Benoît XVI a souligné récemment que le christianisme n'est pas une somme d'interdits mais une option positive[2].

Brigitte Lahaie : Peut-être. Mais quand je vois que, tous les jours ou presque, je suis obligée de déculpabiliser des gens – hommes ou femmes – parce qu'ils se masturbent, je crois que l'Église a, dans l'affaire, une grosse responsabilité.

---

1. Beretta, Roberto, et Broli, Elisabetta, *L'amour n'est pas un péché*, *op. cit.*, p. 137.
2. *Le Monde*, mercredi 16 août 2006, p. 5.

Daniel Garcia : Nous étions partis pour parler du mariage...

Père Patrice Gourrier : C'est vrai. Mais puisque Brigitte Lahaie insiste sur la masturbation, allons au bout des choses. Trouvez-vous équilibrant, pour un homme marié, de laisser sa femme se coucher à 22 heures, tandis que lui s'installe devant son ordinateur et se masturbe en regardant des vidéos, avant d'aller se coucher à côté de son épouse ? Je suis désolé, j'estime que ce type de comportement traduit un vrai problème, une immaturité affective et relationnelle. Je suis de plus en plus souvent confronté dans le cadre du confessionnal, appelé l'« infirmerie de Dieu » par certains auteurs chrétiens, à ces accros de l'ordinateur.

Daniel Garcia : Comme vous l'avez dit, il s'agit d'une drogue, d'une addiction. Avant de juger, ne faudrait-il pas mieux chercher à comprendre ?

Père Patrice Gourrier : Je ne juge personne ! Mais je trouve pareil comportement bien étrange, encore plus lorsqu'il s'agit de jeunes hommes d'à peine trente ans. Mon rôle n'est pas de leur dire ce qui est bien ou ce qui est mal, mais de les amener à se poser la question de savoir ce que tout cela peut signifier pour eux, dans le cadre de leurs relations conjugales, et si cela les rend heureux.

Daniel Garcia : Vous arrive-t-il, Brigitte, au cours de votre émission, de recevoir des témoignages sur ce sujet ?

Brigitte Lahaie : Oui. Mais ce sont presque toujours des femmes qui m'appellent, parce qu'elles se retrouvent confrontées à ce problème. Je leur explique d'abord que leur mari est drogué, car je suis entièrement d'accord avec le père Gourrier, il s'agit bien d'une addiction. Et je leur demande si elles jugeraient les choses de la même manière si leur mari fumait cigarette sur cigarette. En général, elles me répondent non. À partir de là, je peux évoquer avec elles les répercussions que le comportement de leur mari provoque chez elles. Et, bien souvent, on retombe dans un problème d'estime de soi. La femme, tout à coup, ne se sent plus assez désirable aux yeux de son mari. Son comportement la dérange par rapport à ce qu'il fait résonner en elle, et elle veut qu'il arrête non pas pour lui, mais pour elle. Je trouve vain de stigmatiser les hommes qui se masturbent devant les films pornos, parce que les hommes se masturbent depuis la nuit des temps. Avant, c'était devant les photos de *Lui* ou de *Playboy*, maintenant c'est devant les films pornos. Il faut arrêter de croire que c'est nouveau, et il faut dire que c'est normal, voire hygiénique.

Père Patrice Gourrier : Pour moi, la sexualité, ce n'est pas seulement de l'hygiène.

Daniel Garcia : De toute évidence, vous n'arriverez pas à vous entendre là-dessus...

Brigitte Lahaie : Parfois, c'est bien de tirer un coup vite fait, ou de se masturber, pour ne pas ériger la sexualité comme quelque chose de trop sacré.

Père Patrice Gourrier : Mais c'est quelque chose de sacré ! Nous ne sommes pas des animaux. Les animaux sont dominés par leur instinct et leur période de rut. Chez les humains, la sexualité, c'est autre chose. Ainsi, à mes yeux, deux êtres humains ne « font pas l'amour », ils vivent et partagent l'amour. Il est important de bien différencier la fonction physique détachée des sentiments, avec tout ce qu'elle a d'animalité, et la sexualité comme rencontre, comme expérience corporelle de l'Amour avec un grand « A » entre deux êtres.

Brigitte Lahaie : On en a fait autre chose. Mais je suis convaincue que, si chaque être humain, à un moment de sa vie, pouvait connaître la sexualité purement animale, il aurait peut-être une vraie vision de la sexualité. Ce qui me gêne souvent, dans les discours que j'entends, c'est une non-compréhension de ce qu'est la sexualité, parce qu'on ne la met pas assez au niveau pulsionnel. Et puis, excusez-moi, on sait quand même que certaines femmes ont plus envie de faire l'amour au moment de l'ovulation. Si ce n'est pas animal, ça, mon père ? On sait aussi que beaucoup d'hommes mûrs sont attirés par des femmes plus jeunes, encore en état de procréer. Si ce n'est pas animal, ça non plus ?

Père Patrice Gourrier : Qu'il y ait une part d'animal en l'homme, je ne vais pas le nier. Mais il y en a assez de ce discours qui pointe le côté animal de l'homme et vante les côtés humains de l'animal... Pour mettre un peu d'humour et citer un chansonnier dont j'ai oublié le nom, je considère que la sexualité devrait être maîtrisée comme un cheval au galop, plutôt que d'être excitée comme une vieille carne. Mais ne nous trompons pas ! Il existe, aujourd'hui comme hier, mais avec des moyens plus importants, une économie du sexe qui est source de millions, voire de milliards d'euros de profits et qui encourage nombre de comportements et de pratiques exploitant les plus bas instincts de l'homme au lieu de l'élever.

VI

La prostitution

Daniel Garcia : Brigitte Lahaie souhaite évoquer un sujet qui lui tient à cœur : la prostitution.

Père Patrice Gourrier : Là non plus, je ne suis pas un spécialiste, et c'est un thème peu abordé dans la formation du prêtre.

Brigitte Lahaie : J'imagine !

Père Patrice Gourrier : Quand j'étais au séminaire, déjà forte tête !, j'avais souhaité que nous abordions le sujet. Pour cela, j'avais fait venir l'aumônier parisien des prostituées. Celui-ci avait projeté un film sur la prostitution qui n'avait rien d'érotique, suivi d'un débat. Mon initiative ne fut pas forcément bien perçue.

Daniel Garcia : Il existe donc un aumônier des prostituées ?

Père Patrice Gourrier : Depuis fort longtemps, un certain nombre de prêtres se sont investis auprès des prostitués, certains ayant même créé des associations d'aide. On peut ainsi, citer, le Nid ou Aux captifs la libération.

Brigitte Lahaie : Pour les aider à sortir de la prostitution ?

Père Patrice Gourrier : Ces associations offrent non seulement une écoute, mais aussi des conseils afin, en effet, de sortir de la prostitution et de se réinsérer dans la vie. Bien qu'elles n'existent pas à Poitiers, j'ai moi-même été confronté à ce monde dont j'ignorais tout. En l'occurrence, il s'agissait d'un prostitué masculin, et c'était un soir de Noël. Après la messe de minuit, je saluais les uns et les autres, leur souhaitant, comme c'est l'usage, un bon Noël à chacun, lorsque j'aperçus un jeune homme aux yeux profondément tristes. Je me suis avancé vers lui et je lui ai dit : « Noël n'a pas l'air de vous rendre très joyeux. – Non, me répond-il, ce soir je travaille. » Candide, je lui ai alors demandé s'il était dans la restauration, et là il m'a expliqué en une phrase qu'il se prostituait. Je ne pouvais décemment pas lui souhaiter bon Noël et passer à la personne suivante comme si de rien n'était. Je lui ai donc proposé de rester afin de m'aider à ranger l'église. Il accepta. Après avoir tout remis en place, je l'ai invité à dîner au presbytère. J'appris alors qu'il était étudiant et qu'il se prostituait pour gagner sa vie. Vers 2 heures du matin, fatigué, je lui ai annoncé que j'allais me coucher et lui ai offert une boîte de chocolats. Quand je lui ai dit : « Je vous la donne », j'ai lu dans ses yeux une grande surprise. Il était convaincu que je cherchais à monnayer ses charmes, car il n'était plus capable d'imaginer qu'on puisse lui offrir quelque chose gratuitement. « Je suis mort », m'a-t-il alors expliqué, dans le sens où il ne concevait plus avec les autres que des relations marchandes. Je ne pense pas qu'il était mort. Mais il y avait un vide énorme dans ses yeux.

Daniel Garcia : Quelle est aujourd'hui la position de l'Église sur la prostitution ?

Père Patrice Gourrier : On en revient aux paroles surprenantes du Christ adressées aux bien-pensants de son époque : « Les prostituées vous devancent dans le Royaume de Dieu. » Comme vous pouvez vous en douter, deux mille ans plus tard, ces paroles hérissent toujours un certain nombre de catholiques ! Cela dit, l'Église considère que la prostitution porte atteinte à la dignité de la personne qui se prostitue, car la prostitution réduit la personne à un objet. Toutefois, reconnaissons-le, il existe des textes des Pères de l'Église – autrement dit les fondateurs de la foi – dans lesquels la prostitution est considérée comme un moindre mal. Mieux valait qu'un homme marié aille voir une prostituée puis revienne auprès de sa femme plutôt qu'il prenne une maîtresse et quitte son

épouse. Ainsi, saint Augustin lui-même, un grand auteur chrétien du Ve siècle, considérait la prostitution comme un « mal nécessaire ». Il n'hésita pas à écrire : « Supprimez les prostitués de la société humaine, et vous aurez tout bouleversé par le déchaînement des passions[1]. »
L'historien Jacques Le Goff rappelle qu'au Moyen Âge l'Église tolérait la prostitution, allant d'ailleurs jusqu'à la codifier, en excluant de celle-ci les enfants, les femmes mariées et les religieuses[2]. De tout temps, cependant, l'Église a considéré que la prostitution n'était pas un bien en soi, le corps n'étant pas une chose, encore moins une marchandise.

Daniel Garcia : Brigitte, pourquoi souhaitiez-vous tant aborder ce sujet ?

Brigitte Lahaie : D'abord, parce que je reçois souvent des appels de prostituées, que bien sûr je ne manque jamais de prendre à l'antenne. Mais des clients aussi m'appellent, et je tiens pareillement à leur donner la parole. C'est très important à mes yeux, car je ne suis absolument pas opposée à la prostitution. J'y suis même favorable. Entendons-nous bien : il n'est pas question de cautionner une seconde le proxénétisme et l'esclavage. Les prostituées originaires des pays de

1. Cité par Beretta, Roberto, et Broli, Elisabetta, *L'amour n'est pas un péché*, *op. cit.*, p. 135.
2. Cité par Guillebaud, Jean-Claude, *La Tyrannie du plaisir*, *op. cit.*, p. 250.

l'Est ou des pays d'Afrique qu'on envoie à Paris sont des esclaves, j'en ai bien conscience. Mais, de même qu'on doit lutter contre l'esclavagisme, de même doit-on se battre pour un droit à la prostitution. J'estime que monnayer son corps – et j'en parle d'autant plus en connaissance de cause que la pornographie est aussi un moyen de monnayer son corps – n'est pas si grave que cela, dès lors qu'on garde un minimum de lucidité sur ce que l'on fait. Or, pour avoir des amies prostituées, pour avoir souvent parlé avec des prostituées, je trouve qu'une majorité d'entre elles savent très bien ce qu'elles font.

Daniel Garcia : Vous voulez dire qu'elles opèrent la démarcation entre leur vie privée et leur « travail » ?

Brigitte Lahaie : Je ne crois pas que la prostitution soit un vrai travail. Je ne crois pas non plus que l'activité soit sans danger. Mais on peut quand même arriver à séparer les choses. Souvent, par exemple, elles mettent un point d'honneur à ne pas embrasser leurs clients. Je suis convaincue aussi que certaines prostituées sont heureuses de leur vie. En évoquant toujours les problèmes de proxénétisme et d'esclavage, que je ne nie pas, on met tout dans le même sac et on ne permet pas un véritable débat. Pour ma part, je suis opposée à toute stigmatisation de la prostitution. Et j'estime, quitte à parler de « victimes », que les clients, dans ce cas-là, sont eux aussi des victimes. Je n'aime pas qu'on les traite de profiteurs. Souvent, il s'agit d'hommes repoussés par leurs femmes, malheureux dans leur couple ou incapables d'aller vers une femme autrement qu'en monnayant la relation sexuelle. On est très loin de l'image du profiteur avide !

Daniel Garcia : Certains vous reprocheront sans doute de tenir un discours très ouvert...

Brigitte Lahaie : Que j'assume complètement. J'aimerais qu'on pense aux prostituées comme à ces « prêtresses de l'amour » de la tradition orientale. Ou à ces « infirmières du sexe » que l'on trouve dans des pays comme la Hollande. Là-bas, des femmes apportent une sexualité à des handicapés. Bien sûr, d'une certaine manière, on en revient à cette sexualité hygiéniste que le père Patrice Gourrier désapprouve, mais il est important, à mes yeux, d'accorder un véritable statut à la prostituée. Cela résoudrait beaucoup de questions. Même si je sais qu'un tel discours, pour l'instant, a peu de chances d'être écouté, j'ai à cœur de le tenir. J'ai usé de mon corps contre un salaire, mais je l'ai fait librement, en mon âme et conscience. Ce qui m'a valu d'affronter l'hostilité des bien-pensants. Même si le porno est moins stigmatisé que la prostitution.

Père Patrice Gourrier : Peut-être parce que, dans l'expression « actrice porno », il y a quand même le mot « actrice »...

Brigitte Lahaie : Peut-être ! Quoi qu'il en soit, je pense qu'on devrait entamer un vrai débat sur ce qu'est la prostitution. Je suis désolée, mais la secrétaire qui couche avec son patron pour décrocher une augmentation, elle se prostitue. Ou la femme qui choisit d'épouser un homme riche. Pourtant, personne ne songe à les stigmatiser. Personne, non plus, ne critique les mères qui habillent leurs filles comme des lolitas, ou les traînent pour tourner dans des publicités télévisées.

Daniel Garcia : Père Gourrier, vous semblez sceptique...

Père Patrice Gourrier : Pardonnez-moi, mais j'ai le sentiment que la plupart des prostituées qui vendent leur corps le font contre leur gré, et que la prostitution « heureuse » dont parle Brigitte Lahaie ne concerne qu'une frange infime d'une réalité dramatique, réalité où la dignité de la femme est bafouée.

Brigitte Lahaie : Non, ce n'est pas vrai.

Père Patrice Gourrier : À l'échelle mondiale, je suis convaincu que si.

Brigitte Lahaie : Non, franchement, vous vous trompez. Et quand on voit certaines femmes africaines venir se prostituer en France pour nourrir leur famille, eh bien moi, je trouve cela assez noble.

Père Patrice Gourrier : Ce que vous dites est à mes yeux non seulement inacceptable, mais irrecevable.

Brigitte Lahaie : Vous préféreriez les voir balayer ? Ou faire des ménages ?

Père Patrice Gourrier : Sans hésiter, oui ! Je ne crois pas à la prostitution par vocation.

Brigitte Lahaie : Ce n'est pas si désagréable ! Au nom de la prostitution, on peut accomplir certains fantasmes que l'on n'oserait pas aborder sinon. Et découvrir des tas de corps d'hommes. Sur le plan de la sexualité pure, il peut y avoir des bénéfices.

Père Patrice Gourrier : Mais sur le plan de l'épanouissement de la personne et du respect de soi !

Brigitte Lahaie : Pourquoi pas ? C'est une expérience forte, qui vaut ce qu'elle vaut.

Père Patrice Gourrier : Honnêtement, vous connaissez des prostituées heureuses ?

Brigitte Lahaie : Mais oui ! Le vrai problème, c'est de pouvoir arrêter. Trente ans de prostitution, là je suis d'accord avec vous, ça abîme. On en revient au problème du statut. Si elles possédaient un statut, elles pourraient plus facilement se dire « Bon, je vais avoir quarante ans, maintenant j'arrête ». Mais elles ne peuvent pas ! Parce qu'elles ne jouissent pas d'un statut qui leur permettrait une reconversion.

Daniel Garcia : Cependant, leur statut est reconnu, au moins indirectement – par le fisc, puisqu'elles paient des impôts ! En 1975, d'ailleurs, quand avait éclaté le mouvement de révolte des prostituées, emmené par Ulla, et qu'elles avaient occupé... une église, elles n'avaient pas manqué de dénoncer cette hypocrisie. Trente ans plus tard, on a le sentiment qu'elles ne formulent plus aucune revendication. Vous souhaitez, Brigitte, un statut pour les prostituées, mais elles-mêmes sont très silencieuses, aujourd'hui.

Brigitte Lahaie : Il s'est passé deux choses. D'abord, les féministes se sont emparées du discours sur la prostitution, et c'est une très mauvaise chose. C'est là, vraiment, que je m'aperçois que je ne suis pas féministe. En tout cas, pas de ce féminisme-là. Quand j'entends certaines féministes réclamer l'abolition de la prostitution, je saute au plafond ! La prostitution existera toujours, qu'on le veuille ou non. Plus on la combattra, plus elle deviendra clandestine, et plus le travail admirable de prévention que font certaines associations, notamment en matière de lutte contre le sida, deviendra difficile. J'ajoute que ce sont les féministes, encore elles, qui sont montées au créneau pour dénoncer l'ouverture, durant l'été 2006, de bordels à proximité des stades où se jouait, en Allemagne, la Coupe du monde de football. Il faut savoir que les soirs de match, quand la France perd, SOS Femmes battues enregistre trois fois plus d'appels que d'ordinaire ! Puisque le foot éveille les pulsions, mieux vaut aider à les canaliser. Alors, pourquoi pas des bordels où laisser les mecs épancher leurs pulsions et leurs frustrations ?

Daniel Garcia : Et des bordels pour femmes, puisque l'heure est à la parité ?

Brigitte Lahaie : Nous n'en sommes pas encore là ! Je crois que le désir sexuel n'est pas le même chez les femmes, encore que je n'en sois pas certaine. C'est peut-être simplement une question de culture. Personnellement, il m'arrive de croiser un mec dans la rue et de me dire : « Celui-là, je me le taperais bien » ; cependant, je crois que peu de femmes sont encore capables de formuler les choses aussi crûment. Mais revenons à la question de la revendication. D'une part, donc, les féministes se sont emparées du discours sur la prostitution. Et d'autre part, mais les deux points, d'ailleurs, sont sans doute liés dans une certaine mesure, je trouve qu'il devient de plus en plus difficile de s'afficher comme prostituée. Aujourd'hui, aller à la télévision et dire : « Je suis prostituée », c'est terrible. Je me souviens d'un débat, il y a deux ou trois ans, où Bernard Tapie recevait une prostituée.

Ce fut odieux. Il s'ingéniait à vouloir fouiller dans son histoire, à lui faire avouer qu'elle avait souffert dans son enfance, pour bien montrer à quel point c'était une pauvre fille. J'ai été maltraitée, donc je me prostitue : C.Q.F.D. Le regard des gens sur la prostitution ne s'est pas arrangé, bien au contraire. Et je suis bien placée pour savoir à quel point il est terrible. Combien ai-je pu souffrir moi-même, pendant des années, de ce regard, parce que j'avais commis l'intolérable, l'inacceptable : faire du sexe pour le sexe ! Quand j'ai commencé le porno, à vingt-deux ans, pas une seconde je n'ai imaginé la violence des réactions que j'aurais à essuyer. Une partie de ma famille m'a tourné le dos. Quant à mes parents, heureusement que j'avais eu la bonne idée de les prévenir : ils n'ont pas tardé à recevoir une lettre anonyme me dénonçant. J'étais devenue l'incarnation du Diable ! Mais tous ces gens qui m'ont fermé leur porte, qui ont refusé de me serrer la main, je suis convaincue que c'était d'abord parce qu'ils n'étaient pas clairs avec eux-mêmes, avec leur relation à leur propre corps, avec leur sexualité.

Daniel Garcia : On peut supposer que l'image que vous leur renvoyiez leur posait problème.

Brigitte Lahaie : Elle leur faisait peur, aussi. Et, même après avoir arrêté le porno, les regards ont longtemps continué de me stigmatiser. Pensez un peu ! J'avais l'air bien dans ma peau, j'étais heureuse, je ne regrettais rien et je n'avais pas attrapé le sida ! C'était tout bonnement insupportable aux yeux de certains, pour qui on ne peut pas avoir touché au sexe et s'en sortir indemne. Je suis désolée, mon père, mais c'est typiquement judéo-chrétien, comme réaction.

Père Patrice Gourrier : Vous simplifiez outrageusement ! En vous écoutant depuis tout à l'heure, je suis heureux d'être imprégné d'une culture judéo-chrétienne qui a sur le corps humain un autre regard que le vôtre ! En réduisant le corps à une marchandise comme vous le faites, en coupant le lien entre le corps et l'esprit, lien que l'Église n'a eu de cesse d'affirmer, et que les psychologues modernes défendent aujourd'hui, vous contribuez en fait à entretenir le mépris du corps et, par voie de conséquence, le mépris des prostituées elles-mêmes !

Daniel Garcia : Qui vous stigmatisait le plus ?

Brigitte Lahaie : Les hommes. Alors qu'au contraire j'ai reçu beaucoup de témoignages encourageants de la part des femmes. Et notamment de femmes âgées. Je me souviens en particulier de l'une d'elles, la femme du maire d'une grande ville, qui était venue me chuchoter à l'oreille, après un débat : « Vous avez eu raison, au moins vous avez vécu ! »

Daniel Garcia : En même temps, vous avez été, depuis, pleinement réhabilitée. C'en est presque un mystère. Aucune autre actrice porno ne jouit de votre statut. Votre parcours est exemplaire.

Brigitte Lahaie : Je suis devenue une sorte de porte-drapeau de la libération sexuelle, c'est un mouvement qui m'a un peu dépassée. L'opinion s'est retournée en ma faveur et je suis devenue populaire. La comparaison fera sans doute sourire, mais ma situation m'évoque un peu celle de Jean-Pierre Coffe : les gens ne supportaient plus de mal bouffer, et Jean-Pierre Coffe, tout à coup, est devenu le porte-étendard d'un discours sur le mieux-manger. Eh bien, les gens ne supportaient plus d'être réfrénés dans leur sexualité, et ils m'ont adoptée. Le parallèle peut paraître simpliste, mais je suis convaincue qu'il recèle une part de vérité. En même temps, le purgatoire, pour moi, aura duré plus de quinze ans, entre le moment où j'ai décidé d'arrêter le porno et celui où une radio comme RMC a pris le risque de me confier une émission.

Daniel Garcia : Qu'est-ce qui vous a incitée à arrêter le porno ?

Brigitte Lahaie : Le sentiment d'avoir fait le tour de la question. Et l'intuition, aussi, que si je continuais trop longtemps, ça pourrait devenir destructeur. On en revient à la prostitution, et à mon cheval de bataille. Tant que les prostituées ne jouiront pas d'un véritable statut, reconnu légalement, et qu'elles devront affronter le regard négatif de la société, il leur sera très difficile de raccrocher, parce qu'elles ne parviendront pas à se réinsérer. La question de la reconversion des prostituées est indissolublement liée à celle de leur statut. C'est pour moi, je crois qu'on l'a compris maintenant, un combat d'importance.

Père Patrice Gourrier : Je n'ai pas la prétention de parler à la place des femmes, mais permettez-moi de penser que l'idéal des femmes se situe un peu plus haut !

VII

La dictature du corps déifié

Daniel Garcia : La sexualité passe évidemment par le corps. Or, aujourd'hui, celui-ci n'a jamais été autant célébré et magnifié...

Brigitte Lahaie : Certes. Mais il n'est pas mauvais non plus d'avoir de bons rapports avec son corps. J'ai peur de choquer le père Gourrier si je raconte que j'adore me promener nue chez moi... L'Église n'a-t-elle pas cette expression affreuse pour désigner la nudité : les « parties honteuses » ?

Père Patrice Gourrier : Vous êtes libre de faire chez vous ce que bon vous semble... Ce qui me peine, ce sont vos idées fausses sur le christianisme et son rapport au corps. Même si certaines positions de l'Église à travers les siècles sont critiquables, il est important de ne pas céder à des simplifications trop rapides. N'oublions jamais que Dieu a pris le risque énorme de confier son message à des Hommes, et donc de le voir déformé. Sur les questions du corps et de la sexualité, le risque était d'autant plus grand que cela touche chacun d'entre nous au plus intime. Ainsi, dans les premiers temps de l'Église, certains, par exemple, ont été jusqu'à prôner l'absence totale de relations sexuelles. Leur ambition était de provoquer l'extinction de l'espèce humaine et d'accélérer de fait la fin du monde. L'Église les a condamnés vigoureusement. Mais les idées fausses ont la vie dure et, encore aujourd'hui, nombre de croyants nourrissent l'idée fausse que le corps, c'est le « péché » et que l'acte sexuel est un « mal » nécessaire. N'est-ce pas Eddy Mitchell qui chantait : « Ne faites pas de boogie woogie avant de faire vos prières du soir » ! Notons, au passage, que l'expression « parties honteuses » que vous citiez tout à l'heure n'a pas été inventée par l'Église : elle vient des Grecs. Pour les chrétiens, Dieu, je le rappelle, a créé notre corps. Comment, alors, pourrait-il y avoir des parties honteuses ? Cela voudrait dire que Dieu a fait un loupé. Non ! Le problème, c'est qu'il est difficile pour chacun d'entre nous de manier les questions ayant trait au corps et à la sexualité que certains auteurs chrétiens ont fait basculer du côté grec, qui condamnait en partie le corps. Ces croyances, ces pratiques, relèvent d'une culture, d'une époque, qui n'ont plus lieu d'être. Jean-Paul II l'a clairement souligné : la sexualité est un don de Dieu. N'est-ce pas lui qui a déclaré : « Dans la vie conjugale, les relations charnelles sont le signe et l'expression de la communion des personnes Les

manifestations de tendresse et le langage du corps expriment le pacte conjugal [1] » ?
Le corps n'est pas quelque chose d'impur et l'acte sexuel n'est pas un péché ! En revanche, puisque vous m'amenez sur ce terrain, je vous dirai franchement que l'Église n'a pas à encourager cette dictature de la beauté et du corps parfait.

Daniel Garcia : Une évolution qui va de pair avec le désir de garder un corps éternellement jeune...

Brigitte Lahaie : C'est une tendance inquiétante, en effet. On la voit notamment à l'œuvre dans cette volonté de faire disparaître toute animalité dans la représentation du corps – le poil, par exemple, est gommé. Émerge à l'inverse le stéréotype d'un corps lumineux, perpétuellement bronzé, rond, mais juste là où il faut – les seins pour les femmes, le galbe des pectoraux et des biceps pour les hommes. Le problème, c'est que les modèles exhibés dans les magazines et la publicité sont retouchés : leur image n'est qu'une chimère esthétique. Ce culte du corps est une fausse libération : au contraire, il conduit à un enfermement, puisqu'on nous donne des repères que très peu seront capables d'atteindre. Ce qui est terriblement frustrant et douloureux pour la majorité. Cette

1. Jean-Paul II, 20 septembre 1996, « Sainte Anne d'Auray », *in* Documentation catholique, Hors-série, *La Sexualité, don de Dieu*, mai 1997.

évolution m'inquiète autant que vous, mon père, car elle est le signe que nous sommes dans le refus de la réalité de la vieillesse et de la réalité de ce corps qui, de toute façon, va nous abandonner. Je suis très frappée, par exemple, de la difficulté que nous avons à parler de la sexualité des seniors, alors que c'est une question cruciale, avec le vieillissement général de la population. Mais nous nous voilons la face. Parce que cela fait peur – et derrière cette peur, il y a bien sûr la peur de la mort. Deux vieux qui font l'amour ont quelque chose d'obscène dans l'esprit des gens. C'est bien la preuve qu'on donne, à tort, à la sexualité une sorte de pouvoir suprême. Et c'est bien pour cela qu'on en parle si mal. Au fond, le coït, ce n'est pas très beau. Ce qui est beau, c'est tout ce qui l'accompagne : le désir, le fantasme, l'amour...

Père Patrice Gourrier : Je constate que les revues qui parlent de bien-être s'imaginent libérer les personnes. En réalité, elles les condamnent à une insatisfaction perpétuelle, leur montrant des corps splendides qu'ils n'atteindront jamais puisque, vous l'avez souligné, les images sont retouchées par informatique. Derrière tout cela, ne soyons pas dupes : c'est l'économie qui règne en maître. Les pilules amincissantes, les crèmes pour le visage et autres produits pseudo-miracles représentent aujourd'hui un marché colossal.

Daniel Garcia : Alors que ça ne marche pas ! Aucune crème ne recule les effets du vieillissement.

Père Patrice Gourrier : Les gens veulent désespérément y croire, parce que nous sommes dans cette dictature du beau et du jeune, dictature qui remplace celle du péché, mais dictature quand même. D'une certaine manière, on pourrait dire que l'art chrétien porte sa part de responsabilité dans cette évolution. L'exemple de la représentation de la Vierge est à cet égard, à mon avis, symptomatique. Ainsi, comme elle est toujours représentée jeune, on a l'impression que le temps n'a pas de prise sur elle et qu'à la limite, j'exagère à peine, elle est la fille de son fils. Bellini, peintre italien du XVe siècle, est l'un des très rares artistes, peut-être le seul, à avoir représenté une Marie vieillie, ridée, marquée par la douleur de voir son fils crucifié. Ses tableaux ont choqué, parce que sa vision était à mille lieues de toutes ces Pietà montrant une jeune fille portant dans ses bras son fils mort, qui prévalaient et qui ont continué, après Bellini, de prévaloir dans les représentations de Marie.

Daniel Garcia : Comme si elle avait été figée à jamais dans sa virginité.

Père Patrice Gourrier : Plus exactement, dans la représentation que nous avons de la virginité et de l'éternelle jeunesse ! Il nous faut pourtant accepter de vieillir et de mourir. Voir notre physique se transformer, nos forces décliner fait partie de la vie. Pour Bernanos, « nos vies sont pleines de morts ». Pas seulement les morts qui assombrissent notre vie – la perte de nos parents, de nos amis –, mais aussi les morts que nous traversons. Ainsi, personnellement, jusqu'à quarante ans, je me suis cru invulnérable. Et puis un gros problème de santé m'a brutalement fait comprendre que non seulement mon corps vieillissait, mais que j'étais mortel. Cette perspective de la mort n'est plus intellectuelle, mais j'en fais désormais régulièrement l'expérience dans mon corps. De cette expérience a priori négative j'ai tiré un enseignement positif : en acceptant mieux ma finitude, j'arrive à mieux vivre l'instant présent. À force de faire croire à nos contemporains qu'ils sont immortels, on ne les rend pas plus heureux, on les condamne au contraire à passer à côté de leur vie. J'ai notamment appris, à travers cette expérience, que le temps est quelque chose d'extraordinairement précieux, et qu'il est important, comme le disait Montaigne, de « vivre à propos », y compris sa sexualité.

Daniel Garcia : Le temps, c'est la seule égalité que nous partageons tous...

Brigitte Lahaie : Oui. Nous disposons tous, jeunes ou vieux, riches ou pauvres, de vingt-quatre heures par jour, et nous avons le choix de décider de ce que nous allons faire de ces vingt-quatre heures. L'excuse « Je n'ai pas le temps », ce n'est rien d'autre, justement, qu'une excuse. Mais qui peut avoir des conséquences néfastes. Quand un couple se perd, c'est bien souvent que ses acteurs ne prennent pas, ou plus, de temps pour leur couple justement.

Daniel Garcia : Pour revenir au corps, et sans vouloir vous offenser, vous-même, Brigitte, comment vivez-vous le passage du temps, alors que vous avez incarné un idéal de beauté... ?

Brigitte Lahaie : D'abord, détrompez-vous : je n'avais pas moi-même, étant jeune, le sentiment d'être belle, bien au contraire. J'ai eu vingt ans en 1975, et c'était encore la mode Twiggy, du nom de ce célèbre mannequin des années 1960 et 1970, à la poitrine plate – comme Jane Birkin, autre exemple d'idole de ces années-là. Autant vous dire qu'avec mon 95C de tour de poitrine j'étais très complexée. À un moment, pourtant, il a bien fallu que j'assume ce corps dans lequel je vivais si mal.

Daniel Garcia : L'exhiber, ça a été votre façon de l'assumer ?

Brigitte Lahaie : C'était une manière de réagir, en tout cas. Lorsqu'on n'est pas bien dans son corps, la première étape, c'est d'en prendre pleinement conscience, la seconde, c'est de travailler pour apprendre à aimer son corps et l'accepter. À chacun de trouver sa méthode. Mais la mauvaise, c'est certainement de tomber dans le piège de ce diktat de la beauté que nous évoquions. La beauté n'est pas une fin en soi : on peut être attiré par quelqu'un pour sa beauté, mais on ne reste pas avec quelqu'un parce qu'il ou elle est beau. Il existe des femmes très belles qui n'inspirent aucun homme. Inversement, d'autres, peu sexy, ont un succès fou. Quant à mon cas personnel, non, vous ne m'offensez pas, je suis bien obligée de faire le deuil de ma beauté...

Daniel Garcia : N'allons pas jusque-là ! Elle n'est pas encore enterrée !

Brigitte Lahaie : Je vois bien les prémices, et je les accepte. Je crois que c'est plus facile de faire le deuil de sa jeunesse, de sa beauté, de cette vie qui vous échappe, quand on a bien vécu. Mais bien vivre, justement, ce n'est pas s'enfermer dans cette irréalité de l'éternelle jeunesse. Quand on regarde les rides des personnes âgées, on distingue très bien les rides de la rancœur et les rides du bien vivre. Quelqu'un qui aura souri toute sa vie aura de bonnes rides. Quelqu'un qui aura « fait la gueule » toute sa vie aura de mauvaises rides, comme ces sillons verticaux très durs, très âpres, qu'on voit se creuser entre les sourcils de certains visages. Observez bien autour de vous... Si j'avais un mot d'ordre à formuler, ce serait : « Soyons heureux avec nos rides ! »

Père Patrice Gourrier : Je m'y prépare !

Brigitte Lahaie : Cela dit, je ne condamne pas le recours à la chirurgie esthétique. Moi-même, à vingt-cinq ans, j'ai fait amincir mon nez, parce qu'il prenait trop la lumière sur les photos. Jusqu'à présent, je m'en suis tenue là. Je n'ai pas éprouvé le besoin, par exemple, de prendre du Botox. Mais j'ai quelques cheveux blancs et je les teins. S'il ne faut pas être esclave du diktat de la beauté, il ne s'agit pas non plus de se laisser aller. Respecter son corps, c'est important, car c'est une forme de respect de soi-même, et d'estime de soi. Soyons honnêtes : il n'est pas facile de vieillir dans son corps. Dire le contraire serait hypocrite. Mais il faut l'accepter, car de toute façon nous n'avons pas le choix, et le bonheur viendra de cette acceptation. J'ai beaucoup travaillé sur la ménopause, qui est une étape importante de la vie d'une femme. Il existe des cultures où les femmes ménopausées sont libérées de certaines contraintes : elles n'ont plus à porter le voile, par exemple. Pour ces femmes, la ménopause est donc synonyme de délivrance. Alors que dans notre civilisation, la ménopause sonne le glas de la féminité. À tel point qu'on nous parle aujourd'hui de traitements hormonaux substitutifs. Je ne suis pas sûre que ce soit la bonne voie pour aborder la question...

Daniel Garcia : Là encore, il y a beaucoup d'argent en jeu ! Le traitement de la ménopause est devenu un marché florissant.

Brigitte Lahaie : On voit bien que, pour les femmes qui vivent en harmonie dans leur couple, la ménopause n'a rien de si terrible. Dans « ménopause », il y a « pause », et c'est vrai que c'est une pause entre un avant et un après. Seulement, à écouter encore une fois cette dictature du corps parfait, on a l'impression que la ménopause est forcément synonyme de prise de poids, de rides, de sécheresse vaginale. Je ne nie pas que certaines femmes souffrent de ces troubles. Mais quand on sait le pouvoir du psychisme, je suis convaincue que pour d'autres la ménopause entraîne au contraire des bouffées de chaleur encore plus intenses. Il ne s'agit pas non plus de nier l'importance du corps et des états du corps dans la santé morale. Le désir, quoi qu'on en dise, n'est pas une notion intellectuelle, c'est une pulsion liée au corps. La vraie question, c'est de donner au corps toute sa place, mais rien que sa place, et certainement pas ce trône sublime qu'on veut lui dresser aujourd'hui, et qui ne peut mener le commun des mortels qu'à une impasse.

Père Patrice Gourrier : La pensée occidentale a coupé le lien unissant l'esprit et le corps. Ainsi, Woody Allen ne disait-il pas : « L'être humain est divisé en deux : l'esprit et le corps, mais c'est le corps qui s'amuse le plus » ! Or, comme l'écrit un moine du IVe siècle, c'est l'union de l'âme et du corps qui constitue l'homme. Les séparer en privilégiant l'un ou l'autre ne peut que nous conduire à une impasse. Pourquoi avoir le sentiment que sa journée est gâchée si, en se levant, on se découvre un bouton sur le nez ? Pourquoi avoir le sentiment que tout ira mieux en multipliant les opérations de chirurgie esthétique ? N'est-ce pas plutôt à un travail intérieur que nous sommes appelés ? Préoccupons-nous rapidement de restaurer l'union du corps, de l'esprit et de l'âme. Le christianisme, s'il est bien perçu et bien compris, offre cette union, parce que nous croyons que Dieu s'est fait homme. Dieu a pris chair. Du coup, notre étoffe charnelle est empreinte de cette dimension spirituelle, divine, céleste. L'homme a les deux pieds dans la glaise, mais aussi la tête tournée vers le ciel. Nous avons trop oublié cela. Je frémis quand j'entends Catherine Millet, auteur de l'ouvrage à scandale *La Vie sexuelle de Catherine M.*, déclarer qu'elle considère que son corps n'est pas vraiment un objet, mais une « chose » à laquelle elle ne s'identifie pas [1]. Eh bien, non, le corps n'est pas une chose, et une telle vision ne peut que nous condamner à être malheureux.

Brigitte Lahaie : Pourtant, quand on compare les représentations de Bouddha et du Christ, l'un est clairement dans la jouissance de son corps, et l'autre nous est montré écartelé, crucifié. Vous comprendrez que je préfère le corps du Bouddha, même replet !

Père Patrice Gourrier : Encore une fois – nous en avons déjà parlé –, les hommes ont fait le choix de

1. *Libération*, 6 août 2007, p. 3 du cahier central.

représenter le Christ sur la croix plutôt que le Christ lumineux, ressuscité. Je reconnais que ce choix peut apparaître contestable car il n'est pas immédiatement compréhensible. Mais vous évoquez Bouddha : sauf erreur de ma part, dans le bouddhisme, le corps humain n'est qu'un « objet de location », si j'ose dire. Dans le christianisme, au contraire, il est tellement important que nous ressusciterons avec un corps glorieux. Où est le mépris du corps ?

VIII

La perte du désir

Daniel Garcia : Si l'on écoute régulièrement votre émission, Brigitte, on s'aperçoit très vite qu'un thème revient sans cesse dans les préoccupations de ses auditeurs : la perte du désir au sein du couple.

Brigitte Lahaie : C'est exact. Je constate toutefois que les femmes sont plus nombreuses à appeler pour cela. Ce sont elles, en priorité, qui semblent souffrir de cette perte de désir. Alors, bien sûr, il est de coutume de dire que le désir est par nature plus fort chez l'homme que chez la femme. Est-ce vrai ? Pour l'instant, je n'ai pas la réponse. Nous ne disposons pas d'assez d'expérience, de recul, sur la libération sexuelle de la femme pour trancher. Car, d'un autre côté, j'entends aussi de plus en plus d'auditrices qui m'expliquent vivre une sexualité débridée, avec des partenaires multiples, et de plus en plus, également, qui m'assurent avoir plus d'envies que leur mari. Alors, peut-être que dans cinquante ans, dans un siècle, on se rendra compte qu'au fond la femme nourrit autant de désir que l'homme. Ce qui est sûr, c'est que ce désir n'est pas exactement de même nature chez l'un et chez l'autre. Chez l'homme, il est plus immédiat. Chez la femme, il est plus élaboré, plus cérébral. Est-ce qu'elle en a moins ? C'est une autre histoire.

Père Patrice Gourrier : À mon sens, c'est un problème qui ne touche pas seulement le désir sexuel. De plus en plus souvent, nous constatons que le désir, entendu au sens large, est en panne. Tous les « déclinologues » modernes nous décrivent d'ailleurs une société dépressive. Or, quand la force de vie est en panne, c'est toute notre force désirante qui tombe malade. Mais il est cependant important à mes yeux de souligner que le désir ne meurt jamais ! Il peut lui arriver de faiblir, voire d'hiberner, mais il est toujours sous-jacent. Je suis persuadé que ces questions de vos auditeurs sont indissociables d'autres problèmes concernant le désir, et vont au-delà de leur couple.

Brigitte Lahaie : Où vous avez raison, c'est que la dépression est l'ennemie du désir. Or nous rencontrons plus souvent des femmes dépressives que des hommes.

Daniel Garcia : Mais beaucoup de femmes perdent également le désir après la maternité...

Brigitte Lahaie : Oui, parce que leur désir est ailleurs, dans la relation fusionnelle à l'enfant. Il s'est déplacé.

Mais il ne faut pas non plus négliger un élément important, hérité de notre culture judéo-chrétienne : la quasi-interdiction, pour une mère, d'éprouver du plaisir. Même aujourd'hui, la dichotomie reste extrêmement forte entre la maman et la putain. On ne peut pas être à la fois mère et salope : cette conviction est aussi bien ancrée dans l'esprit de nombreuses femmes que dans celui des hommes. À partir du moment où leur épouse a accouché, souvent ils n'osent plus lui demander certaines pratiques. Du coup, leur désir pour elle s'éteint tout doucement. À l'étape suivante, ils iront voir des prostituées, ou prendront une maîtresse.

Daniel Garcia : Est-ce que ce n'est pas simplement le fantasme qui est en panne ?

Brigitte Lahaie : Bien sûr. Mais, en l'occurrence, le fantasme est dépendant de ce qu'on nous a inculqué. La question est d'importance, car c'est un véritable écueil pour beaucoup de couples. Par exemple, on remarque souvent que la femme tombe en panne de désir à partir du moment où elle a « rempli son contrat ». Quand une femme m'explique qu'elle n'a plus de désir depuis la naissance de son deuxième ou de son troisième enfant, si je lui demande combien d'enfants elle désirait avec son mari, d'avance je connais la réponse : ce sera deux, ou trois. Comme si elle s'était programmée pour avoir « n » enfants, et, une fois qu'elle leur avait donné naissance, la sexualité perdait tout sens à ses yeux, car elle n'avait plus de raison d'être. C'est la preuve que nous sommes bien dans une vision de la sexualité qui se réduit à la procréation et là, je suis désolée, mon père, c'est culturel. La tradition judéo-chrétienne assigne pour seul rôle sexuel à la femme de mettre les enfants de son mari au monde. C'est l'histoire de la répudiation de Lilith.

Daniel Garcia : Qui était Lilith ?

Brigitte Lahaie : Je suppose que le père Gourrier vous répondra mieux que moi.

Père Patrice Gourrier : J'avoue n'avoir jamais entendu parler de Lilith, et je pense qu'il s'agit d'une légende...

Brigitte Lahaie : Son existence a été gommée dans la plupart des versions de la Bible. Pourtant, elle existe bel et bien dans les récits de la Genèse. Lilith, c'était la première femme, la première véritable compagne d'Adam, mais qu'il répudia. Parce qu'elle refusait de se soumettre à lui, parce qu'elle avait autant d'appétit sexuel que lui, et parce qu'elle n'entendait pas simplement faire l'amour pour procréer. Lilith, c'était la femme putain. Adam l'a finalement répudiée pour s'allier à Ève, la madone, mais la madone soumise. Autre détail intéressant : Lilith est souvent représentée comme étant noire.

Père Patrice Gourrier : Désolé, mais je pense vraiment qu'il s'agit d'un mythe, et jamais je n'ai vu le nom de Lilith mentionné, ni dans la Bible ni dans la Torah ! Mais là n'est pas l'essentiel de ce que vous dites. Si je ne nie pas que le désir sexuel soit important dans un couple, je ne voudrais pas qu'on réduise l'amour dans un couple à sa seule dimension sexuelle.

Brigitte Lahaie : Là où je vous rejoins, c'est qu'il ne faut pas donner comme ciment à un couple la seule dimension sexuelle. Parfois, et même souvent, le désir s'émousse pour de simples raisons d'usure. On sait qu'on ne peut pas éternellement vivre dans la fusion. C'est pourquoi il est important de donner à la relation sexuelle dans le couple une dimension sacrée.

Daniel Garcia : Une dimension sacrée ! Voilà un vocabulaire qui empiète sur les plates-bandes du père Gourrier !

Brigitte Lahaie : Que croyez-vous, j'ai aussi une dimension spirituelle ! Non, plus sérieusement, je suis d'accord pour dire, avec le père Gourrier, que la relation qui unit deux êtres au sein d'un couple est multiple, et qu'elle va bien au-delà du simple aspect sexuel. Mais les différents liens qui tissent cette relation se tiennent ensemble, et la sexualité joue un rôle primordial. Dès lors qu'on coupe ce lien, les autres vont se distendre également. C'est inévitable. Il faut donc entretenir la relation charnelle. Bien sûr, il n'est pas question de faire aussi souvent l'amour à cinquante ans qu'à vingt, mais c'est important de ne jamais s'interrompre. Car lorsqu'on fait l'amour avec son mari ou sa femme, beaucoup de tensions s'apaisent du même coup. C'est un peu une manière de régler ses comptes, de conclure une paix avec son partenaire. À l'inverse, quand un couple cesse de s'aimer physiquement, les deux partenaires vont encore davantage s'éloigner l'un de l'autre, et plus ils s'éloigneront, plus le désir qui pouvait les rapprocher va encore s'émousser et, pourquoi pas, disparaître définitivement. Mais, même sans aller jusque-là, cette perte du désir peut être la porte ouverte à quelqu'un d'autre. Le désir, c'est un peu comme l'appétit : moins on mange et moins on a faim. D'ailleurs, c'est vrai aussi chez le célibataire, et c'est notamment l'une des raisons pour lesquelles j'encourage à la masturbation : un célibataire qui ne se masturbe pas risque de finir par éteindre son désir, et il cherchera de moins en moins la rencontre avec l'autre.

Père Patrice Gourrier : Comme je le dis souvent, même dans un couple, rien n'est définitivement acquis. Il est important de toujours désirer séduire l'autre, de le surprendre. Ignorer cette nécessité, c'est risquer de voir son mariage s'étioler, comme je le constate régulièrement dans les confidences que je reçois.

Brigitte Lahaie : Oui, mais tout dépend de ce qu'on appelle séduction, et c'est là que réside la difficulté. Il ne faut jamais avoir le sentiment que l'autre vous appartient. Le grand danger des couples, c'est quand soudain l'homme ou la femme est prêt à tout accepter de l'autre, qui du coup n'éprouve plus aucun désir, puisque le partenaire est sous sa coupe. Les sexologues répètent que le désir se nourrit du manque. Ils ont raison. C'est pour cela qu'il est toujours profitable que des couples se séparent pour de courtes durées, soit à l'occasion d'un déplacement professionnel de l'un des deux conjoints, soit parce que l'un d'eux part en vacances seul avec les enfants. Rien de tel, également, que de voir sa femme courtisée dans une soirée par un autre homme pour que subitement ressurgisse le désir pour elle. Tout le paradoxe du couple est là : le couple a besoin du tiers, et en même temps, c'est souvent le tiers qui va le séparer. C'est bien beau, de prévenir les jeunes couples qu'ils ne devront jamais cesser de se séduire, mais le terme me paraît trop mièvre. Plutôt que vouloir simplement séduire, il ne faut pas hésiter à sans cesse entretenir et susciter le désir de l'autre. Je suis désolée, mais si, quand je rentre à la maison, je trouve tous les soirs mon mec dans ses pantoufles, et qu'il ne se lève même pas pour m'accueillir, je n'éprouverai bientôt plus de désir pour lui, mais ce sera de sa faute. Il faut sans cesse se dire que l'autre peut vous échapper, ou que vous pouvez lui échapper. Des expressions comme « mon épouse », « ma femme », « mon foyer » me hérissent !

Je déteste cet aspect de possession tranquille qui s'insinue sournoisement dans les relations. C'est bien pour cela qu'à mes yeux le mariage peut s'avérer extrêmement dangereux. Combien de couples, par exemple, après avoir vécu heureux pendant des années en concubinage, décident de se marier et découvrent, au bout de six mois, qu'ils ne ressentent plus aucun désir l'un pour l'autre et finissent par divorcer ! Parce que, en s'épousant, ils ont retiré l'impression que tout était acquis et qu'ils ne couraient plus le danger de se perdre.

Père Patrice Gourrier : Bernanos disait qu'il n'y a pas d'amour, mais qu'il n'y a que des preuves d'amour ! Il faut savoir donner à l'autre, au quotidien, des preuves d'amour.

Brigitte Lahaie : Si l'on convoque des anthropologues, ils nous expliqueront que le désir existe et se maintient entre un homme et une femme pour leur donner l'envie de se mettre ensemble et d'élever un enfant. Tout simplement parce que, chez l'homme, comme chez la plupart des mammifères, l'enfant n'est pas viable tout de suite et qu'il a besoin que ses deux parents restent auprès de lui – quelques semaines ou quelques mois chez la plupart des animaux, plusieurs années chez l'homme. Mais, à partir du moment où les enfants sont grands, le couple n'a plus objectivement de raison d'exister. S'il veut durer, il est donc nécessaire de comprendre comment le désir fonctionne. Ce n'est rien de plus qu'un simple aimant, qui permet que l'autre continue d'être attiré par vous.

Père Patrice Gourrier : Ce que vous me dites me rappelle une anecdote. Il y a quelques années, lorsque je travaillais encore en entreprise, ma secrétaire est arrivée un matin au bureau en portant un nouveau parfum. Je l'ai immédiatement perçu, et je lui ai dit : « Vous avez changé de parfum. » Elle a été d'autant plus surprise que son mari n'avait rien remarqué. Le soir, en rentrant chez elle, elle a raconté à son époux comment son patron, lui, avait immédiatement remarqué le changement. Évidemment, cette histoire a beaucoup perturbé le mari... et les deux époux ont pu discuter, « provoqués » par ma remarque.

Brigitte Lahaie : Elle a eu raison de vider l'abcès sans attendre et d'en parler à son mari, au lieu de garder sa frustration pour elle. Il faut parfois savoir rendre l'autre jaloux, tout en faisant bien sûr attention à ne pas le pousser trop loin dans ses retranchements. Voilà pourquoi c'est si compliqué. L'amour est une alchimie délicate et terriblement personnelle, pour la réussite de laquelle il est bien difficile de donner des recettes.

Père Patrice Gourrier : Alchimie, le mot est juste. Et par définition, l'alchimie est quelque chose de fragile.

C'est un équilibre sur lequel il faut constamment veiller, comme autrefois les Vestales veillaient sur le feu. De la même manière, on devrait veiller sur le couple pour entretenir l'amour.

Brigitte Lahaie : J'aime bien ce parallèle avec le feu. Si vous avez une cheminée chez vous, vous savez qu'il faut toujours ranimer le feu avant que les braises ne soient complètement éteintes, sinon il ne repartira jamais – ou alors, avec des bûches extérieures et de nouvelles étincelles. Dans le couple, c'est pareil. Quand il ne reste plus que des cendres, c'est trop tard. C'est pourquoi il est important de faire des bilans réguliers, de prendre le temps de discuter. Et de veiller à certains petits détails qui peuvent en dire long. Quand, tout à coup, on a envie de se faire beau pour se rendre à un rendez-vous, qu'on a envie de s'habiller pour voir quelqu'un, l'autre peut commencer à se demander si le couple n'est pas en danger.

Père Patrice Gourrier : Comment cela ? Ma mère, qui est encore très coquette à soixante-dix ans, s'habille toujours pour sortir ! De même, mon père, qui a quatre-vingts ans passés, porte toujours une cravate ! Vous les offusqueriez si vous leur annonciez qu'ils songent à se tromper !

Brigitte Lahaie : Il ne s'agit pas de cela, bien sûr. Mais demain, par exemple, je déjeune avec l'invité que j'ai prévu de recevoir ensuite à mon émission. Eh bien, si, en m'habillant pour me rendre à ce déjeuner, j'ai un peu trop envie de me montrer sexy, c'est là qu'il doit y avoir méfiance. Parfois, c'est si insidieux qu'on ne se rend pas compte tout de suite, soi-même, qu'on se met à faire des efforts pour certaines personnes, alors que l'on n'en consent plus pour son partenaire. Cela dit, ce n'est pas non plus forcément une mauvaise chose d'avoir en tête quelqu'un d'autre et de penser à lui lorsqu'on fait l'amour avec son partenaire.

Daniel Garcia : Quoi ? Faire l'amour avec son conjoint en pensant à une tierce personne, ce n'est pas grave ?

Brigitte Lahaie : Non, car cela veut dire qu'on est parfaitement capable de recanaliser sa libido sur son partenaire. Et tant mieux, sinon on ne s'en sort pas ! Ce qui est grave, c'est le passage à l'acte, pas le fantasme. Et si ce genre de fantasme peut aider des hommes et des femmes à faire plus souvent l'amour, je leur donne bien volontiers mon absolution !

Père Patrice Gourrier : Je trouve personnellement cela plutôt triste et risqué. Il me semble important, dans ce cas, de s'interroger sur le lien qui nous unit à l'autre et de se souvenir du jour de son mariage, où l'on a dit oui à son conjoint devant Dieu et devant les hommes.

Brigitte Lahaie : Votre transcendance n'est pas la mienne, car votre Dieu n'est pas le mien, mais sur le principe nous sommes d'accord : le couple a besoin d'une transcendance, quelle qu'elle soit. Avoir envie d'être meilleur à deux, c'est le meilleur moyen de ne pas tourner en rond, de s'enfermer et de finir par s'étouffer à deux.

IX

Contraception, préservatif, avortement

Daniel Garcia : Ou je me trompe, ou l'Église, en 2007, demeure toujours aussi farouchement opposée à l'avortement ?

Père Patrice Gourrier : Avant de répondre à votre question, et compte tenu de l'importance et de la gravité du sujet abordé, il me semble nécessaire de poser plusieurs préalables.

Daniel Garcia : Vous avez peur d'être sanctionné ?

Père Patrice Gourrier : Par qui ?

Daniel Garcia : Par votre hiérarchie, bien entendu !

Père Patrice Gourrier : Je crains surtout d'être mal compris, tant par ma hiérarchie que par nos lecteurs. Que ce soit entre chrétiens ou au sein même de la société, j'ai bien peur, en effet, que nous n'ayons perdu notre capacité de *disputatio* !

Daniel Garcia : C'est-à-dire ?

Père Patrice Gourrier : Dans l'Église, et je le déplore, notre capacité de dialogue, notre capacité à confronter nos idées dans le respect de l'autre s'est émoussée, affadie. Les modernistes excluent les traditionalistes, et les intégristes, de leur côté, estiment être les seuls à avoir raison ! Ainsi, peu à peu, la manière d'aborder la Vérité insaisissable de Dieu a été remplacée par la manière dont chacun d'entre nous aborde cette Vérité, « notre » vérité devenant LA vérité et excluant celle de l'autre. Même si cela n'a rien à voir et si j'ai déjà eu l'occasion dans les médias de prendre position, j'aimerais, par exemple, que les partisans et les opposants de la messe en latin déploient autant d'énergie à combattre la faim dans le monde qu'ils en témoignent pour ou contre celle-ci ! N'oublions jamais qu'un être humain meurt de faim toutes les sept secondes ! C'est cela qui devrait nous mobiliser ! Mais, dans la société, nous vivons exactement le même phénomène. Sous le vernis d'une société libérale, nous vivons de manière pernicieuse intolérance et pensée unique. Si quelqu'un a le malheur de ne pas penser comme tout le monde, il est raillé dans les « arènes modernes » que sont les médias. Cette intolérance est partout, y compris dans les milieux intellectuels. Ainsi, j'ai été frappé de constater que, dans le monde des psychologues, les différents courants de pensée existants s'excluaient, chacun jetant sur l'autre anathèmes et condamnations. En caricaturant, on pourrait dire que les comportementalistes raillent les partisans de la psychanalyse qui, très divisés, n'arrivent pas à s'entendre entre eux. Il serait peut-être plus intéressant de construire des ponts et de ne pas oublier que ce qui est en jeu, c'est la souffrance psychique de personnes en détresse. Un peu d'horizon !

Daniel Garcia : Revenons à la question de l'avortement, car j'ai l'impression que vous essayez de noyer le poisson !

Père Patrice Gourrier : Pas du tout, je pose les bases de ma pensée. On ne peut comprendre la position de l'Église en ce domaine que si l'on perçoit que l'Église a choisi, en s'appuyant sur la Bible, de défendre de manière absolue la personne et la vie, de la naissance à la mort. L'enjeu est énorme ! Ainsi, par exemple, quand, en entreprise, monde que j'ai bien connu pour y avoir travaillé, on demande aux salariés d'être « adaptables, mobiles, flexibles et recyclables », j'ai toujours l'impression que l'on parle de « tuyaux » et pas d'êtres humains ! Jean-Paul II, en développant la doctrine sociale de l'Église, n'a eu de cesse de défendre la personne, se faisant comme il l'a dit lui-même la « voix des sans-voix ». En me rappelant ses propos, je pense aussi aux personnes âgées, grabataires ou séniles. Même si elles ne parlent plus, même si elles ne « servent » plus à rien aux yeux de certains, il est de notre devoir d'êtres humains de défendre leur humanité, leur dignité. Dès lors, je pense que vous comprenez mieux que l'Église n'admette pas l'avortement, considérant que l'embryon est déjà une personne humaine.

Brigitte Lahaie : Franchement, n'avez-vous pas le sentiment que c'est excessif ?

Père Patrice Gourrier : En aucune façon. Même s'il n'est pas politiquement correct de parler ainsi, il est important que l'Église continue de garder ce cap. Peut-être sera-t-elle un jour la seule à défendre la personne et la vie !

Brigitte Lahaie : Mais condamner l'avortement, c'est s'approprier le corps de la mère, donc de la femme. C'est ré-aliéner la femme. L'empêcher d'être libre de son corps. C'est quand même une position ultra-patriarcale !

Père Patrice Gourrier : Je ne crois pas que l'avortement ait contribué à libérer les femmes.

Brigitte Lahaie : Toute femme a envie de garder la vie, de garder son enfant, c'est évident. D'ailleurs, je n'ai jamais aimé cette expression d'« Interruption volontaire de grossesse », comme si l'avortement était une décision prise de plein gré, à la légère. Mais, parfois, il faut choisir. Et quand on connaît, depuis la nuit des temps, le nombre de femmes qui se sont fait avorter dans des conditions terribles, on ne peut pas, dans une société moderne, défendre l'interdiction de l'avortement.

Père Patrice Gourrier : Ce n'est pas parce que l'avortement existe depuis toujours que l'Église est obligée de le cautionner.

Brigitte Lahaie : Mais vous, en tant qu'individu ? Quand une femme vient se confesser parce qu'elle a avorté – et j'imagine que cela a déjà dû vous arriver –, que lui répondez-vous ?

Père Patrice Gourrier : En principe, un prêtre n'a pas le droit de donner l'absolution à une femme qui a avorté. Celle-ci, en effet, s'est mise d'elle-même en dehors de l'Église. Seul l'évêque est habilité à le faire. Cependant, dans quelques diocèses en France (trop peu !), dont celui de Poitiers, où j'exerce, l'évêque a donné aux prêtres le pouvoir de réintégrer une femme qui a avorté, en lui donnant l'absolution. Je suis heureux que mon évêque ait pris cette décision courageuse, décision à mes yeux pleinement évangélique. Nous sommes appelés à avoir sur les autres le même regard que le Christ, un regard d'amour. Il m'est arrivé à plusieurs reprises d'exercer ce droit, et ce fut chaque fois un moment très intense, car chaque fois j'ai perçu de la souffrance, des regrets, des remords, et tout ceci dans une grande solitude.

Brigitte Lahaie : Mais évidemment ! Toutes les femmes sont marquées par un avortement. Mais c'est en éduquant, en tenant un discours cohérent qu'on peut avancer. Refuser l'avortement en bloc, ce n'est pas cohérent.

Père Patrice Gourrier : Je sais que c'est un discours difficile à entendre, j'en ai bien conscience, mais nous arrivons, dans notre société, à un point où la vie est attaquée sous toutes ses formes. L'être humain, aujourd'hui, est réduit de plus en plus à un objet. Ainsi, utiliser l'avortement en tant que moyen de contraception, c'est considérer le fœtus comme une chose, et pas comme un être humain. L'Église défend une autre conception de la vie et revendique le droit de le faire au nom de la liberté de pensée, tout ceci dans un souci de compassion pour les personnes.

Daniel Garcia : Seule une infime minorité de femmes recourent à l'avortement comme moyen de contraception...

Père Patrice Gourrier : Faux. Voyez les statistiques.

Brigitte Lahaie : Mais puisque vous êtes aussi radicalement opposé à l'avortement, j'imagine qu'au moins vous êtes favorable à la contraception ? Car enfin, dans l'idéal, une contraception parfaitement maîtrisée serait le meilleur moyen d'éviter le recours à l'avortement. À ce propos, je voudrais évoquer un point que nous n'avons pas encore soulevé : l'éducation sexuelle. J'estime que ce n'est pas aux parents de faire l'éducation sexuelle de leurs enfants. Parce que leur discours sera toujours subjectif. Une mère qui parle à sa fille de sexualité ne pourra jamais s'empêcher de plaquer son propre vécu. Il est préférable que l'éducation sexuelle revienne à des personnes neutres. L'École me paraît donc le terrain le plus approprié. Encore que je me méfie d'une éducation sexuelle trop systématique, car elle risquerait de virer au dogmatisme. Or la sexualité est avant tout affaire de liberté individuelle. En revanche, je déplore que l'Éducation nationale ne se livre pas à une véritable éducation de la contraception. À seize ou dix-sept ans, une jeune fille est terriblement féconde. Une politique de prévention efficace dans nos lycées permettrait donc de considérablement réduire le nombre d'avortements ou de jeunes filles qui ont vu leur vie se briser parce qu'elles étaient tombées enceintes. Ce serait, à mes yeux, une question de droit civique. Vous n'êtes pas d'accord ?

Père Patrice Gourrier : Je ne peux pas vous suivre dans cette voie. Enseigner la contraception, cela revient à promouvoir les relations sexuelles chez les jeunes. Or l'Église ne reconnaît que le rapport sexuel dans le mariage. À partir de là...

Daniel Garcia : Vous êtes coincé !

Père Patrice Gourrier : Non, je promeus un autre discours. En ce domaine le discours de l'Église n'a pas changé : elle rejette toute forme de contraception non naturelle, y compris entre époux. La société, elle, a bien sûr évolué, et la plupart des catholiques, aujourd'hui, ne suivent plus ce principe. De même, en sept ans de prêtrise, il m'est arrivé une seule fois de marier un couple dont les deux conjoints étaient toujours vierges, et qui ne vivaient pas déjà ensemble. Mais si l'Église ne reconnaît pas la contraception, elle n'interdit pas non plus le mariage aux couples vivant déjà en concubinage et qui prennent la pilule. Sinon, nous ne marierions plus grand monde...

Daniel Garcia : Vous êtes donc obligé de mettre de l'eau dans votre vin de messe...

Père Patrice Gourrier : C'est évident. Le prêtre de base que je suis doit faire face au quotidien à la complexité des situations individuelles, avec toujours le souci d'accueillir chaque situation dans sa particularité.

Daniel Garcia : S'agissant de la pilule, vous ne pouvez quand même pas nier qu'elle a représenté une vraie libération pour la femme ?

Père Patrice Gourrier : C'est à Brigitte Lahaie qu'il faut avant tout poser la question, d'abord parce que c'est une femme, ensuite parce que je n'ai pas connu de l'intérieur ce mouvement de libération. À mes yeux, cependant, la pilule fut d'abord une claque pour les hommes. Avant, l'homme maîtrisait la fécondité, la femme la subissait. Avec la pilule, la maîtrise est passée du côté de la femme. Ce qui a introduit dans l'esprit des hommes l'idée d'une perte de pouvoir. La série américaine dont j'ai déjà parlé tout à l'heure, *Desperate Housewives*, illustre très bien ce phénomène. On y voit un mari remplacer les pilules contraceptives de sa femme par d'autres, inoffensives, parce qu'il désire un enfant. Or, sa femme, justement, prenait la pilule pour ne pas en avoir. Du coup, celle-ci est furieuse contre son mari. J'ai trouvé cette histoire très révélatrice. Pour faire entendre son désir d'enfant, l'homme en est-il désormais réduit à subtiliser les pilules de sa femme et à les remplacer par un placebo ?

Brigitte Lahaie : Soit. Mais n'oublions quand même pas l'apport fondamental de la pilule. Lorsqu'elle est apparue, c'était la première fois, depuis la nuit des temps, qu'on pouvait différencier sexualité et reproduction. Vous déplorez une société qui ne saurait plus accueillir les enfants. J'ai l'impression, au contraire, que nous savons mieux les accueillir qu'autrefois. D'abord parce que nous les désirons. Ensuite parce qu'en en faisant moins – grâce notamment à la pilule –, nous pouvons mieux les accueillir au sein du foyer.

Père Patrice Gourrier : Là encore, l'Église se distingue de l'esprit du monde, puisqu'elle défend l'accueil de tous les enfants conçus, désirés ou non, bien portants ou non. Cela dit, plutôt que de se contenter de délivrer des condamnations *ex cathedra* aux femmes qui avortent, je suis pour que les catholiques se mobilisent afin d'ouvrir des lieux destinés à accueillir les femmes qui souhaitent garder leur enfant jusqu'au bout – quitte peut-être à accoucher sous X, mais qu'au moins l'enfant soit accueilli.

Brigitte Lahaie : Je suis d'accord pour faire prendre conscience à la femme qui veut avorter de l'importance de son geste...

Père Patrice Gourrier : Avorter n'est jamais anodin.

Brigitte Lahaie : En effet. Et ce n'est pas banal pour le couple non plus. Les témoignages de mon émission le prouvent : très souvent, après un avortement, un couple connaît une sexualité bancale.

Daniel Garcia : Revenons à la pilule. Pour l'Église, ce fut un véritable cataclysme ?

Père Patrice Gourrier : Je suis convaincu que l'Encyclique du pape Paul VI qui condamnait la pilule a provoqué une hémorragie dans les rangs des catholiques, un schisme silencieux qui perdure aujourd'hui pour d'autres raisons, comme le souligne le spécialiste des religions Odon Vallet.

Daniel Garcia : Et le préservatif !

Père Patrice Gourrier : Je vois où vous voulez en venir, mais sachez que Jean-Paul II n'a jamais condamné l'usage du préservatif. Il n'en a pas parlé !

Brigitte Lahaie : Enfin ! À propos du sida en Afrique...

Père Patrice Gourrier : Vous ne trouverez pas une seule déclaration de Jean-Paul II, lors de son voyage en Afrique, contre le préservatif. Sa seule déclaration, interprétée comme étant « le Pape met le préservatif à l'index », avec à la clé un dessin bien connu de *Libération*, fut de dire : « Le meilleur rempart contre le sida est la fidélité. » Qu'est-ce qu'un pape pouvait dire d'autre ? En revanche, et contrairement à ce qu'on colporte, l'Église n'a jamais condamné le préservatif. Certains évêques se sont même prononcés en sa faveur, dès le début de l'épidémie de Sida, et ils n'ont jamais été condamnés par Rome [1]. Très récemment, Mgr Barbarin, archevêque de Lyon, cardinal et de ce fait « Prince de l'Église », déclarait dans un journal lyonnais :

---

1. *Sida, la société en question*, Commission sociale de l'épiscopat, Centurion, 1996.

« ...si quelqu'un ne tient aucun compte des Commandements de Dieu et change souvent de partenaire, je préfère qu'il n'apporte pas la mort à ceux qu'il rencontre, c'est évident. Donc, aucun inconvénient au préservatif dans la mesure où cela fera un dégât de moins [1]. »
On ne peut être plus clair. Cela dit, et je le déplore, quelques évêques irresponsables ont pris position contre l'usage du préservatif, oubliant un principe capital de la doctrine morale de l'Église, celui du moindre mal. Si l'on considère que le préservatif est un mal, risquer de transmettre la mort est un mal encore plus grand... Mais, encore une fois, il s'agit d'individus isolés, qui se sont crus investis d'un pouvoir et qui ont profité du vide du discours. Le pape – l'autorité suprême de la chrétienté –, lui, n'est pas en cause.

Daniel Garcia : Et Benoît XVI ?

Père Patrice Gourrier : Pape depuis moins de trois ans, celui-ci a peu communiqué sur le sujet. Cependant, et c'est une avancée intéressante, Benoît XVI, lors d'une interview à une chaîne de télévision allemande, a déclaré :
« Si l'on enseigne seulement la façon de construire et d'utiliser des techniques – par exemple le mode d'emploi des contraceptifs –, alors il ne faut pas s'étonner

1. *Tribune de Lyon*, n° 63, p. 34.

que l'on se retrouve avec des guerres ou des épidémies de Sida. Il faut, dans le même temps, former les cœurs, c'est-à-dire permettre à l'homme d'acquérir des repères, et lui apprendre a employer correctement les techniques[1]. » Ce « en même temps » est à mes yeux fondamental. De toute manière, personne n'attend du pape qu'il dise : « Mettez une capote et faites ce que vous voulez ! » On attend autre chose de sa part. Ainsi, et sans nous éloigner de notre sujet, il faut savoir que l'Église refuse l'eugénisme. Mais, dans le fond, que souhaitons-nous ? Une société qui accueille les enfants même s'ils ne sont pas parfaits, ou une société du type *Gattaca*, film où les parents dressent au médecin le profil génétique de l'enfant qu'ils désirent, afin de le rendre le plus parfait possible ! Le choix à faire est déjà là !

Brigitte Lahaie : Pardonnez-moi l'expression, mais là, vous dites des conneries ! Il y a à peine plus d'un siècle, les enfants travaillaient au fond de la mine et l'Église n'est jamais montée au créneau pour dénoncer ce scandale.

Père Patrice Gourrier : Pardonnez-moi, mais ce ne sont pas des « conneries », et vos propos témoignent d'une certaine ignorance des textes de l'Église, ignorance largement partagée ! Alors que chez les Grecs on pouvait coucher avec un enfant tant qu'il était

1. *Le Monde*, mercredi 16 août 2006, p. 5.

imberbe, les chrétiens se sont très vite opposés à de telles pratiques. De même, dès l'essor de la société industrielle, l'Église a défendu le plus faible contre le plus fort.

Brigitte Lahaie : Je suis d'accord ! En cas d'accouchement problématique, l'Église était pour qu'on sauve l'enfant, et tant pis si la mère mourait...

Père Patrice Gourrier : Vous caricaturez ! De plus, je vous rappelle que si l'Église édicte des normes universelles, en dernier ressort, chacun d'entre nous fait ses choix et en assume les conséquences. Je pourrais citer l'exemple d'une femme venue me trouver parce qu'elle était tombée enceinte juste avant de divorcer. L'enfant qu'elle portait lui rappelait en toutes circonstances le mari détesté. « Je veux avorter », m'a-t-elle dit. Nous avons parlé. Je ne l'ai menacée de rien : je me suis contenté de lui exposer ce que disait l'Église et je l'ai invitée à réfléchir à son acte, à ce qu'elle pourrait faire de cet enfant à venir, enfant qui apporterait peut-être le bonheur à une autre famille. Au final, elle a fait son choix. Je l'ai regretté, mais c'était son choix.

Daniel Garcia : Vous préfériez la voir accoucher et qu'elle abandonne ensuite l'enfant ?

Père Patrice Gourrier : En ultime instance, oui.

Brigitte Lahaie : Et moi, je suis pour la liberté de chacun de disposer de son corps.

Père Patrice Gourrier : L'Église aussi, mais dans le respect de celui-ci ! Saint Paul lui-même disait : « Tout m'est permis, mais tout ne me convient pas. » L'Église est une force de proposition. Chacun, ensuite, est libre de se situer par rapport à cette proposition. Cette femme que j'évoquais s'est située. À nous d'assumer nos actes !

Brigitte Lahaie : Bon, très bien. Pas d'euthanasie, plus d'avortements, plus de contraception. À ce train, dans dix ans, nous serons huit milliards d'humains sur terre. Et là, que fait-on ?

Père Patrice Gourrier : Ma plus grande crainte est que nous nous dirigions vers un monde de plus en plus inhumain, et ma préoccupation première est de défendre l'humain.

Brigitte Lahaie : Arrêtez ! C'est un discours vieux comme le monde. Que je sache, on ne donne plus les chrétiens en pâture aux lions ? C'est donc que l'humanité a fait des progrès...

Père Patrice Gourrier : Détrompez-vous : je vais vous apprendre quelque chose qui va vous étonner. C'est le XXe siècle qui aura compté, dans toute l'Histoire, le plus grand nombre de martyrs chrétiens et le XXIe siècle ne s'annonce pas meilleur.

Daniel Garcia : Revenons à cette notion de défense de la vie. Vous approuvez donc ces femmes, et elles sont de plus en plus nombreuses, qui accouchent à plus de soixante ans ?

Père Patrice Gourrier : C'est une question qui à mon sens relève plus de la psychologie.

Brigitte Lahaie : Eh bien moi, je suis contre ! C'est donner l'illusion qu'on peut rester jeune tout le temps. Au nom de la vie, on laisse faire n'importe quoi.

X

Le plaisir n'est pas péché

Daniel Garcia : Notre époque n'a pas « inventé » le plaisir, car il est consubstantiel à la sexualité, mais elle lui a reconnu de l'importance. Aujourd'hui, l'homosexualité, du moins sous nos latitudes, est acceptée, or nous sommes là dans la sexualité plaisir. De même, le couple est de plus en plus bâti sur une entente sexuelle des deux conjoints. Pourtant, l'Église continue d'associer, dans son discours, sexualité et procréation. Sans voir plus loin...

Père Patrice Gourrier : C'est plus compliqué que cela. Ce qui est sûr cependant, c'est que lorsque Michel Onfray – encore lui ! – déclare que l'Église se positionne contre le plaisir, c'est une imposture. Il existe des textes du Moyen Âge qui stipulent clairement que la femme doit éprouver du plaisir dans l'acte sexuel. Cependant, et comme le souligne Jean-Claude Guillebaud, « cette "érotique chrétienne" du Moyen Âge contraste avec l'extraordinaire égoïsme qui prévaudra au XIXe siècle pudibond et bourgeois[1] » Ce qui est certain, c'est que la position de l'Église sur le plaisir a beaucoup évolué avec les siècles et qu'il est très difficile de discerner une parole « officielle ». Mais il s'est passé, avec Jean-Paul II, une évolution majeure, hélas trop peu connue de nos contemporains. Jean-Paul II, en effet, a beaucoup écrit sur la question de la sexualité. C'est sous son pontificat qu'a été introduite dans le Code de droit canon de 1982 la notion de « bien des époux » qui s'inscrit en priorité dans le mariage, avant la procréation. J'insiste bien sur ce point : la procréation ne vient qu'en seconde position. Qu'est-ce que ce « bien des époux », sinon notamment le plaisir qu'on a d'être ensemble, y compris dans un lit ? Le texte est clair, voilà ce qu'il dit :

« L'alliance matrimoniale est ordonnée par son caractère mutuel au bien des conjoints ainsi qu'à la génération et à l'éducation des enfants[2]. »

Jean-Paul II a de plus souligné que le mari et la femme devaient tous les deux éprouver du plaisir dans l'acte sexuel et pas l'un sans l'autre. Ainsi, avant d'être pape, c'est lui qui a écrit, dans un essai intitulé *Amour et responsabilité* :

« Il faut exiger que, dans l'acte sexuel, l'homme ne soit pas le seul à atteindre le point culminant de l'excitation sexuelle et que cela se produise avec la participation de la femme, et non à ses dépens... Ne pas

---

1. Guillebaud, Jean-Claude, *La Tyrannie du plaisir*, *op. cit.*, p. 258.
2. Code de droit canon, canon 1055.

appliquer dans les rapports conjugaux les recommandations de la sexologie est contraire au bien du conjoint ainsi qu'à la stabilité et à l'unité du mariage lui-même [1]. »

Daniel Garcia : C'était avant de devenir pape !

Père Patrice Gourrier : Une fois élu pape, Karol Wojtyla devenu Jean-Paul II, n'a rien renié de ce qu'il avait écrit. Ainsi, dans le texte « Homme et femme, Il les créa », il écrit encore :
« Alors que, pour la mentalité manichéenne, le corps et la sexualité constituent pour ainsi dire une anti-valeur, pour le christianisme, au contraire, ils restent toujours une valeur insuffisamment appréciée [2] ! »
De même lors de ses catéchèses du mercredi, il n'hésita pas à montrer toute la grandeur de la sexualité humaine :
Dans l'acte sexuel, « l'homme et la femme se révèlent l'un à l'autre avec cette profondeur spécifique de leur "moi" humain qui, justement, se révèle aussi à travers leur sexe [3] ».

1. Karol Wojtyla, « Amour et responsabilité », cité par Beretta, Roberto, et Broli, Elisabetta, *L'amour n'est pas un péché*, *op. cit.*, p. 178.
2. Jean-Paul II, « Homme et femme, Il les créa », cité par Beretta, Roberto, et Broli, Elisabetta, *L'amour n'est pas un péché*, *op. cit.*, p. 194.
3. Jean-Paul II, cité par Beretta, Roberto, et Broli, Elisabetta, *L'amour n'est pas un péché*, *op. cit.*, p. 204.

J'imagine que je vous surprends, mais cela, même un grand nombre de catholiques l'ignorent. Une telle ignorance, au demeurant, est assez révélatrice de la « désinformation » qui règne sur la position de l'Église par rapport à la sexualité. Beaucoup de choses sont dites dans le public et relayées par les médias, qui ne sont que de mauvais clichés. Ainsi, c'est encore Jean-Paul II qui déclara à propos de la jouissance :

« Il n'est pas incompatible avec la dignité objective des personnes que l'amour conjugal comporte une "jouissance" sexuelle[1]. »

Mais le pape insiste sur le fait qu'il est important de « goûter le plaisir sexuel sans cependant traiter la personne comme un objet de jouissance, voici le fond du problème moral sexuel ». En écrivant cela, Jean-Paul II n'a rien révolutionné, il s'est inscrit dans une continuité. Avant lui Pie XII, que l'on peut difficilement accuser d'avoir été un dangereux progressiste, avait écrit :

« Le Créateur lui-même a établi que les époux, par leur don physique réciproque, éprouvent un plaisir et une satisfaction du corps comme de l'esprit[2]. »

Brigitte Lahaie : Cela dit, si la reconnaissance du plaisir pour lui-même constitue indéniablement une avancée, il ne faudrait pas non plus tomber dans le

1. *Ibid*, p. 181.

2. Cité par Beretta, Roberto, et Broli, Elisabetta, *L'amour n'est pas un péché*, *op. cit.*, p. 183.

piège inverse de la course au plaisir, sans but. Il faut bien comprendre que le vrai plaisir n'est pas un plaisir à tout prix, égoïste, mais qu'il passe par la relation à l'autre, qui ne doit pas être objet, mais sujet. Il est anormal qu'un couple envisage de se séparer parce que les deux partenaires n'éprouvent plus de plaisir immédiat au lit. Le plaisir, ça s'éduque.

Père Patrice Gourrier : Je ne peux qu'adhérer. Nous assistons, en effet, de nos jours, à une véritable tyrannie du plaisir.

Brigitte Lahaie : Aujourd'hui, la femme qui n'a pas d'orgasme se sent anormale. C'est un peu le revers de la médaille. En trente ans, la notion du plaisir de la femme s'est imposée dans notre société. Au début des années 70, c'est à peine si on savait que la femme possédait un clitoris. Aujourd'hui, qu'elle puisse et qu'elle doive avoir du plaisir est un fait acquis. Mais nous tombons trop, à mes yeux, dans la dictature du plaisir féminin. On voudrait aussi nous faire croire, c'est une mode, que la femme aurait une jouissance plus forte que l'homme. Qui peut vraiment le savoir ? Sur le chapitre du corps, l'autre restera toujours un étranger. Je ne saurai jamais ce que c'est que d'avoir une érection. Quant au plaisir, encore faut-il s'entendre sur ce qu'on met derrière ce terme. On associe trop plaisir à jouissance et orgasme. On peut connaître des orgasmes d'une tristesse infinie, et des plaisirs indicibles à simplement regarder un film en compagnie de l'être aimé. Le plaisir, c'est ce qui nous rend heureux d'être en vie.

Daniel Garcia : En d'autres termes, le plaisir doit se vivre à deux. Dans la relation de couple comme dans la relation sexuelle à l'autre ?

Brigitte Lahaie : Tout à fait. Nous devons être autant capables de donner que de recevoir. Trop de couples vivent sur un déséquilibre, où l'un des partenaires veut beaucoup donner, et pas du tout recevoir. C'est une fausse générosité, construite sur des inhibitions, et qui aboutit bien souvent à une sorte d'emprise d'un partenaire sur l'autre. Cela dit, on peut aussi avoir du plaisir à plusieurs...

Père Patrice Gourrier : Si vous n'y voyez pas d'objection, nous nous en tiendrons à deux !

Brigitte Lahaie : Pourtant, le péché originel, c'est bien la sexualité...

Père Patrice Gourrier : Encore une idée fausse sur le christianisme ! Après la côte d'Adam nous voici avec la pomme censée représenter l'acte sexuel, et par là même le péché ! Le péché originel ne consiste pas à « croquer la pomme », c'est autre chose. Pour aller très vite, on pourrait dire que le péché originel témoigne d'une coupure entre les Hommes et Dieu du fait de la défiance de ces derniers envers Lui. En fait, on pourrait dire qu'Adam a voulu devenir dieu sans Dieu. Il n'a jamais été question de sexualité !

Daniel Garcia : Au fait, croyez-vous au péché, mon père ?

Père Patrice Gourrier : Plus j'avance, plus cette notion de péché me semble importante, encore faut-il bien la comprendre ! Manger dix glaces au chocolat dans la semaine ne constitue pas pour moi un péché.

Brigitte Lahaie : Mais se masturber tous les matins sous la douche, si ! D'ailleurs, la masturbation est souvent désignée sous l'appellation de « plaisir solitaire », qui est quand même très péjorative !

Père Patrice Gourrier : Régulièrement, en effet, des hommes, de tout âge et de toute condition sociale, viennent me dire « Mon père, j'ai été impur », sous-entendant qu'ils se sont masturbés. Mais, puisque vous m'interrogez sur le péché, je voudrais revenir à l'origine du mot. Le mot « péché », vient notamment d'un mot grec, *amartia*, lui-même issu du vocabulaire sportif de l'époque et désignant celui qui rate sa cible. Pour nous, chrétiens, quelle est la cible ? Aller vers Dieu et se conduire en disciples du Christ : voilà notre cible, voilà notre idéal. Donc, le péché, c'est quand on dérape, quand on s'éloigne de cet idéal. Mais ne mettons pas la notion de péché partout, sinon cela revient à la déconsidérer. En revanche, il me semble important que nous puissions régulièrement nous interroger sur notre vie, afin de voir si ce que nous faisons, nous disons, nous pensons, nous aide à grandir spirituellement et humainement, conformément à l'idéal chrétien. Si certains éléments de notre vie vont en sens inverse, il est important de pouvoir les « confesser ».

Daniel Garcia : Mais alors, qu'est-ce qui est pour vous péché, en 2007 ? La luxure est-elle toujours un péché capital ?

Père Patrice Gourrier : Au sens de « profiter de l'autre et de faire du sexe son dieu », oui. De même que la gloutonnerie – terme plus approprié que la gourmandise – est un péché au sens où, dans ce cas, le ventre est devenu un dieu. Mais la sexualité, le plaisir, ne constituent pas en eux-mêmes un péché, comme je viens de le montrer. Dieu ne nous a-t-il pas appelés à « croître et à multiplier » ? Jean-Paul II n'a eu de cesse de nous rappeler que la sexualité dans le couple était une bénédiction. Encore faut-il qu'on la vive bien.

Brigitte Lahaie : J'ai envie de faire de la provocation : comment peut-on bien vivre sa sexualité, alors que la tradition judéo-chrétienne, ne vous en déplaise, a toujours plus ou moins rattaché la sexualité à une culture du péché ? Au risque de me répéter, j'en reviens toujours aux mêmes formules : « les parties honteuses », « les mauvaises pensées », etc. Ne niez pas que la sexualité a servi, à travers la notion de péché, de terrain pour asseoir une emprise sur les gens.

Père Patrice Gourrier : Je ne le nierai pas, en effet, et Tartuffe en est un bon exemple.

Brigitte Lahaie : La sexualité fait partie des grandes expériences initiatiques qui permettent d'aller au plus profond de soi-même...

Père Patrice Gourrier : Certainement, quand elle est l'expression de l'amour.

Brigitte Lahaie : ... et donc, de devenir individu. Or, des individus, c'est plus difficile à gouverner qu'une masse soumise. C'est aussi pour cette raison que la sexualité fait peur. Parce qu'elle est facteur de liberté.

Père Patrice Gourrier : Pardonnez-moi, mais si elle fait peur, c'est à mon avis avant tout parce que nous la maîtrisons mal et que parfois elle nous surprend.

Daniel Garcia : Vous n'avez pas fini de répondre : le péché, où se niche-t-il, en 2007 ?

Père Patrice Gourrier : Nous en avons déjà parlé au chapitre sur le mariage : l'adultère est clairement péché. Parce qu'il éloigne de la cible, de l'idéal que représente le mariage religieux.

Daniel Garcia : Donc, vous ne donnez pas l'absolution ?

Père Patrice Gourrier : Ce serait trop facile de distribuer le pardon comme cela. Je ne donne l'absolution, et tous mes collègues font de même, que lorsque le désir de ne pas recommencer est clairement exprimé.

Daniel Garcia : Et ceux qui jouissent dans la douleur ?

Père Patrice Gourrier : Vous voulez dire les sadomasochistes ? L'Église n'a pas de position officielle sur la question. Il me semble que là, cela relève plus du psychologue...

Brigitte Lahaie : Mais ils martyrisent leur corps...

Père Patrice Gourrier : En effet, et vous savez bien que l'Église ne l'encourage pas. L'individu doit respecter son corps et le corps de l'autre.

Daniel Garcia : Donc, vous condamnez.

Père Patrice Gourrier : Je ne condamne pas ! Ce n'est pas mon rôle ! De plus, il y a souvent derrière ce type de relation une très grande souffrance. J'ai notamment en mémoire le cas d'un jeune couple dans lequel le jeune homme n'était heureux que dans l'humiliation. Il fallait qu'il se sente humilié pour atteindre le plaisir. Les insultes, les coups, les crachats... Plus il me parlait, plus je me tassais dans mon fauteuil. Pourquoi venir me raconter tout cela à moi ? En fait, ils étaient l'un et l'autre très lucides sur ce qui se passait dans leur couple, mais incapables de briser ce cercle infernal, vivant de ce fait une grande souffrance. Sa femme s'était sentie obligée de rentrer dans un rôle qu'elle n'avait pas souhaité. Nous avons longuement parlé tous les trois, et en particulier de son enfance à lui, et tout s'est éclairé. Enfant, ce garçon s'était laissé humilier pour lire de l'amour dans les yeux de ses parents. Adulte, il reproduisait le même schéma avec son épouse.

Brigitte Lahaie : Ce que vous décrivez n'était pas vraiment une relation SM consentie...

Père Patrice Gourrier : C'étaient pourtant deux adultes consentants !

Brigitte Lahaie : Oui, sauf que le consentement de l'épouse était à peu près égal à celui d'une femme qui suit son mari dans un club échangiste parce qu'elle ne veut pas le perdre. Le véritable SM c'est autre chose, et je me suis aperçue qu'il choque encore beaucoup. C'est l'un des derniers tabous. Sans doute parce que les gens refusent de voir la part de sadisme et de masochisme qui réside en eux. Pourtant, comme le disait Jung, c'est en allant voir notre ombre qu'on rentre dans la lumière...

Père Patrice Gourrier : C'est une très belle phrase. Chez les chrétiens, les rites concernant la Lumière sont très importants. Dieu étant cette Lumière qui éclaire nos vies, Il nous permet de discerner nos zones d'ombre, et nous en avons tous, afin de les chasser.

XI

Le mariage des prêtres ?

Daniel Garcia : Êtes-vous favorable, mon père, au mariage des prêtres, dont certains avancent qu'il pourrait constituer un rempart à la pédophilie au sein de l'Église ?

Père Patrice Gourrier : Pour être très clair sur le sujet, et même si mon avis diffère de la parole officielle, je suis pour un retour à la tradition.

Daniel Garcia : C'est-à-dire ?

Père Patrice Gourrier : Jusqu'au XIIIe siècle environ, ont cohabité des prêtres célibataires et des hommes mariés devenus prêtres. Le célibat ne constitue qu'une question disciplinaire, et n'a pas de fondement théologique. Je suis donc favorable à l'ordination d'hommes mariés. Cependant, et j'en suis bien conscient, ce n'est pas aujourd'hui le moment d'entreprendre cette réforme, car nombre de catholiques pratiquants y sont opposés. Il faut attendre que les choses mûrissent. Comme le dit la Bible, il y a un temps pour tout. Dans tous les cas, et pour répondre à votre question, le célibat des prêtres n'est pas la cause de la pédophilie de certains d'entre eux. Les statistiques des procès d'Assises sont formelles. Les pédophiles, dans leur écrasante majorité, sont des hommes mariés. Le célibataire pédophile est en réalité une figure marginale. L'ordination d'hommes mariés ne constitue donc pas une réponse à la question de la pédophilie.

Brigitte Lahaie : Allons bon ! Moi qui pensais que vous alliez vous sentir provoqué...

Père Patrice Gourrier : Pas du tout ! Vous connaissez mon opposition à la pensée unique. Je pense qu'être ordonné célibataire, et le rester, ou se marier et devenir prêtre constitue l'expression d'une liberté.

Daniel Garcia : Et vous, que choisiriez-vous ?

Père Patrice Gourrier : Cela va vous surprendre, mais je resterais célibataire, car le célibat constitue à mes yeux un signe. Le problème, c'est que lorsque j'ai été ordonné prêtre, on ne m'a pas laissé choisir. Du moment que vous êtes ordonné diacre, vous vous engagez au célibat. Je suis convaincu que si on donnait aux futurs prêtres le choix entre se marier et rester célibataire, ce serait mettre leur liberté davantage en avant, car là, il y aurait vraiment un choix libre.

Brigitte Lahaie : Ces prêtres mariés, auraient-ils droit au divorce ?

Père Patrice Gourrier : C'est ce que craint l'Église, évidemment. Elle a très peur de cela. Mais, si vous le permettez, j'aimerais en finir avec mon argumentation. Si je suis favorable à l'ordination d'hommes mariés, outre les raisons historiques et de liberté de choix déjà évoquées, je pense également que cela donnerait un autre visage du prêtre. Nous sommes, actuellement, tous « formatés » sur le même moule : hommes, célibataires, sans enfant et, pour l'immense majorité, n'ayant jamais connu la vie de couple. L'existence de prêtres mariés enrichirait l'image qu'on a du prêtre dans la société et dans l'Église.

Daniel Garcia : Le débat, s'il était vraiment posé dans la société, permettrait de s'interroger sur ce qu'est le mariage lorsqu'on est croyant...

Père Patrice Gourrier : Tout à fait. Et je rappelle, même si nous l'avons déjà évoqué, que le mariage est le seul sacrement que le prêtre ne donne pas. Je baptise, je confesse, je donne le sacrement des malades – anciennement l'extrême-onction –, l'évêque confirme, ordonne, mais pour le mariage, ce sont les époux qui se donnent mutuellement le sacrement.

Daniel Garcia : La religion anglicane accepte les prêtres mariés depuis longtemps...

Père Patrice Gourrier : Oui. Parce que, encore une fois, il n'y a rien de théologique dans le célibat des prêtres. Ce n'est qu'une discipline, qui a fini par s'instaurer à tous les échelons. Pour preuve, il faut savoir qu'il existe des prêtres mariés au sein même de l'Église catholique romaine : ce sont précisément les pasteurs anglicans ou protestants convertis au catholicisme – et il y en a beaucoup en ce moment, du fait des troubles que traverse cette Église, avec l'ordination des femmes ou de pasteurs homosexuels. Ils étaient déjà mariés, nous n'allions pas leur demander de divorcer ! Ils ont rejoint l'Église catholique romaine en étant mariés. Cela dit, je ne vous cache pas que ma position en faveur de l'ordination de prêtres mariés n'est pas bien perçue parmi les catholiques. C'est un sujet extrêmement sensible.

Daniel Garcia : Benoît XVI ne donne pas le sentiment de vouloir faire avancer le dossier...

Père Patrice Gourrier : À mon avis, ce n'est pas le moment. Ni la hiérarchie catholique ni l'immense majorité des catholiques qui vont à l'église ne veulent, pour l'instant, de prêtres mariés. Cependant, il y a encore vingt ans, le sujet était totalement tabou. Aujourd'hui, on commence à en parler. Le dossier avance lentement...

Brigitte Lahaie : La « sensibilité » du sujet, comme vous dites, montre bien, encore une fois, comment, dans notre culture catholique, la sexualité est niée ou occultée. Il paraît inimaginable, pour un catholique pratiquant, qu'un prêtre puisse avoir une sexualité, ou même qu'il puisse se masturber. Le prêtre, dans l'imaginaire collectif, est asexué.

Père Patrice Gourrier : C'est, en effet, profondément enraciné dans notre culture. Je me souviens d'un voyage en Grèce où, voyant un pope se promener avec une femme, j'avais d'abord pensé qu'il déambulait avec une paroissienne. Alors que c'était son épouse ! Ce qui prouve que j'ai moi-même du mal à intégrer qu'un serviteur de Dieu puisse être marié. Il est possible que si le prêtre avait le droit de se marier, cela contribuerait à effacer les fausses images en ce domaine.

Brigitte Lahaie : Cela dit, je ne suis pas sûre que la situation actuelle ne convienne pas à beaucoup de prêtres. Ce célibat forcé ne les rend pas forcément mécontents, dans la mesure où ils cultivent pour certains une réelle misogynie, et pour d'autres une peur de la femme. Ce n'est pas totalement par hasard s'ils se marient avec « notre mère l'Église ». On pourrait en dire autant de beaucoup de bonnes sœurs, qui ont peur des hommes. La foi est un refuge bien trouvé pour éviter la rencontre avec l'autre...

Père Patrice Gourrier : De grâce, ne généralisez pas ! Et je vous trouve bien sévère. Si la foi n'était qu'un refuge, l'existence de ces prêtres et de ces religieuses deviendrait vite invivable. De toute manière, j'aime beaucoup ce terme de « refuge ». Quand la vie est trop dure, nous avons besoin d'un refuge, et Dieu peut constituer ce refuge. Pourquoi nous refuser à nous chrétiens ce terme, alors que chez les bouddhistes on dit, sauf erreur de ma part, de quelqu'un qui entre au monastère qu'il « prend refuge », et tout le monde trouve cela merveilleux ! La vraie question est qu'une fois ordonné vous n'avez plus d'autre choix que le célibat. Il est alors normal de dresser des barrières, pour se protéger, afin d'éviter tout incident.

Daniel Garcia : D'autant que c'est un fantasme, chez beaucoup de femmes, de « faire tomber » un prêtre !

Père Patrice Gourrier : Je l'ai découvert à mes dépens. J'ai connu, en effet, le cas d'une femme un peu trop attentive à ma personne. Au début, quand elle s'est mise à m'offrir des fleurs, je n'ai rien vu venir. Et puis des lettres, des mails ont afflué, des coups de téléphone jusqu'à minuit...

Daniel Garcia : Du harcèlement sexuel !

Père Patrice Gourrier : Au moins moral ! Un jour, n'y tenant plus, j'ai pris ses lettres et je suis allé les montrer au procureur de la République, en lui demandant si, le cas échéant, il accepterait de recevoir ma plainte. Il m'a répondu que oui, et je suis revenu vers cette femme en l'informant que, si elle continuait, je déposais plainte... J'ai de plus informé mon Archevêque de la situation, ainsi que l'évêque auxiliaire du diocèse.

Brigitte Lahaie : Elle n'était pas belle ?

Père Patrice Gourrier : Là n'était pas la question ! Cette situation n'était saine ni pour elle ni pour moi ! Son attitude relevait plus du pathologique et d'un délire que je qualifierais d'érotomaniaque.

Daniel Garcia : Et les religieuses ? Pourquoi n'auraient-elles pas, également, le droit au mariage ?

Père Patrice Gourrier : Le cas des religieuses est différent. Une religieuse se lie au Christ. Elle reçoit une alliance. Ce n'est pas le cas du prêtre.

Brigitte Lahaie : Et que se passe-t-il quand un prêtre souhaite se marier ?

Père Patrice Gourrier : Autrefois, on disait que le prêtre était « réduit » à l'état laïc. On dit aujourd'hui, plus simplement, qu'il retourne à l'état laïc. Le phénomène n'est pas si rare qu'on l'imagine – et pas seulement pour des raisons d'ordre sentimental. Un pourcentage non négligeable de nouveaux prêtres quitte l'Église dans les dix premières années de leur ministère. Être prêtre, et j'insiste là-dessus, c'est très dur ! Le prêtre, je le rappelle, est constamment confronté au malheur. Se dire : « Je n'ai pas une épaule où poser ma tête », ce n'est pas facile à vivre tous les jours.

Daniel Garcia : Justement. Ne craignez-vous pas que ce refus du mariage des prêtres soit un obstacle au renouvellement de la « profession » ?

Père Patrice Gourrier : Franchement, je ne crois pas que ce soit l'obstacle principal. À mes yeux, le problème est ailleurs. Ce qui est en crise, c'est la place du prêtre au sein même des communautés chrétiennes et au sein de la société. Tant qu'on n'aura pas résolu ce problème, tant qu'on n'aura pas trouvé un nouveau mode de fonctionnement pour le prêtre, il y aura crise des vocations, et cela ne servira à rien de chercher à remplir les séminaires. Être prêtre, c'est accepter notamment d'être hors du champ social, Quand vous travaillez, vous êtes intégré au circuit économique. Le prêtre, lui, est en dehors de ce circuit. Il n'apporte aucune plus-value. Il n'existe pas. D'ailleurs, un prêtre ne perçoit pas un salaire, mais une indemnité. Pour beaucoup de jeunes, ce n'est pas attirant. Pour être capable de supporter cette situation, il faut déjà être sacrément bien dans sa peau ! Je ne peux donc que me réjouir de constater que les prêtres ordonnés aujourd'hui sont de moins en moins jeunes. On ne peut plus être ordonné prêtre à vingt-cinq ans aujourd'hui, sauf rares exceptions. Il faut posséder un minimum d'expérience de la vie.

Daniel Garcia : Et la paternité ? Ou, plus exactement, l'absence de paternité ?

Père Patrice Gourrier : C'est une vraie question. Le célibat des prêtres entraîne *de facto* l'absence d'enfants, donc l'absence de fécondité, l'absence de traces laissées derrière soi. Je peux comprendre que cela en dissuade certains d'embrasser la prêtrise. Il faut trouver sa fécondité autrement. Travailler sur soi-même, pour comprendre qu'on peut être fécond sans avoir d'enfant. Je ne me cache pas la vérité : si j'écris des livres, c'est certainement pour combler un manque de fécondité...

XII

L'instrumentalisation du sexe

Daniel Garcia : En juillet 2006, *Le Parisien* titrait sur une pleine page : « L'amour, c'est bon pour la santé ! »

Père Patrice Gourrier : J'ai lu cet article. Il s'appuyait sur une enquête menée, paraît-il, par des scientifiques. L'exemple que vous citez montre à quel point le sexe est instrumentalisé. Bientôt, on demandera de faire plus souvent l'amour pour réduire le déficit de la Sécurité sociale ! Aujourd'hui, pour vous vendre un yaourt, on vous vend d'abord du sexe.

Daniel Garcia : Vous préféreriez qu'on interdise ce type de publicité ?

Père Patrice Gourrier : Non, pas du tout. Je suis contre toute censure. Il n'en demeure pas moins qu'à travers tout cela on instrumentalise la sexualité, et à travers elle l'homme et son corps.

Brigitte Lahaie : Nous avons la publicité que nous méritons. Si j'étais sociologue, je me servirais de la publicité pour tenter de comprendre où en est notre société, car elle en constitue un excellent reflet. Aujourd'hui, la pub a recours au sexe parce qu'il s'est libéré, et que nous en parlons. Mais je pense qu'aucune publicité n'est choquante en soi : c'est la manière dont vous la ressentez qui pourra vous la rendre choquante. Je me souviens par exemple qu'une auditrice m'avait expliqué avoir été scandalisée par une publicité télévisée qui montrait un homme, de dos, battant une omelette dans sa cuisine. Il était filmé de manière qu'on puisse penser qu'il se masturbait. En la questionnant, j'ai découvert qu'elle avait visionné ce spot assise à côté de son fils de treize ans, et que celui-ci lui avait décoché un regard complice. Au fond, ce qui avait vraiment choqué cette femme, c'était que son fils ait compris que l'homme se masturbait. C'était son histoire de mère qui était affectée...

Père Patrice Gourrier : Que la publicité soit le reflet de la société, vous avez raison. C'est flagrant quand on voit la place qu'y occupe l'enfant. De plus en plus, ce sont les enfants qui délivrent des conseils d'achat à leurs parents ! Et que la sexualité y occupe une si grande place, on comprend bien pourquoi : il s'agit de susciter du désir. Mais cette instrumentalisation nous ramène à ce que nous évoquions dans un chapitre précédent : sommes-nous bien sûrs de construire un monde plus humain ?

Brigitte Lahaie : C'est tout le problème de la société de consommation que vous posez là. Donnons aux gens autre chose que le plaisir de consommer.

Père Patrice Gourrier : Malheureusement, nous faisons le contraire. Tout, aujourd'hui, est économique. Et le sexe est devenu un marché – un marché colossal.

Brigitte Lahaie : Il l'a toujours été. Le Minitel a décollé avec le Minitel rose. Canal + a décollé avec le porno du samedi soir. Et le mot « sexe » est le plus tapé dans tous les moteurs de recherche Internet. Quoi qu'en pense l'Église, le sexe a toujours été le moteur le plus puissant de l'humanité.

Père Patrice Gourrier : Ce qui me gêne aussi, c'est qu'à travers cette instrumentalisation du sexe on véhicule notamment le stéréotype du corps parfait.

Brigitte Lahaie : Personne ne songerait à acheter un shampooing qui donnerait les cheveux gras...

Père Patrice Gourrier : Mais pour vendre un shampooing, il n'est pas non plus nécessaire de nous montrer intégralement un corps sculptural. Je sais que nous en avons déjà parlé dans un précédent chapitre, mais il me semble important de rappeler que cette dictature du corps parfait ne rend personne heureux. Il y a plus de mille six cents ans des auteurs chrétiens distinguaient deux sortes d'amour du corps, le bon et le mauvais. Le mauvais, c'était aimer son corps pour son corps. Le bon, c'était l'aimer parce qu'il a été créé par Dieu. Je ne m'en cache pas : je prends soin de mon corps. Je fais du sport, je surveille mon alimentation par respect pour mon corps, qui me permet de vivre, et qui est un don de Dieu.

Brigitte Lahaie : Respecter son corps n'empêche pas de lui donner du plaisir. Je me méfie des hygiènes de vie trop strictes, qui s'interdisent jusqu'au moindre écart alimentaire.

Père Patrice Gourrier : Je ne m'interdis pas certains écarts, mais je remercie Dieu pour chaque repas.

Daniel Garcia : Vous continuez à réciter le bénédicité à chaque repas ?

Père Patrice Gourrier : Mais oui.

Daniel Garcia : On peut concevoir que la formule ait eu un sens lorsqu'il s'agissait de bénir le pain quotidien, à une époque où le pain, en effet, constituait l'essentiel de l'alimentation et qu'il fallait travailler dur pour en obtenir. Mais bénir une pizza qui sort du congélo...

Père Patrice Gourrier : Beaucoup aimeraient la manger ! Je vous rappelle qu'un être humain meurt de faim toutes les sept secondes dans le monde. Alors je remercie Dieu, même pour ma pizza, sortie du congélateur. Mais je me suis forgé mon propre bénédicité. Je n'aimais pas la formule consacrée – « Seigneur, bénissez ce repas, ceux qui l'ont préparé, et procurez du pain à ceux qui n'en ont pas. » Dieu n'est pas un père Noël. Je lui ai donc substitué cette autre formule : « Seigneur, bénissez ce repas, ceux qui l'ont préparé, qu'il nous aide à procurer du pain à ceux qui n'en ont pas, de l'espérance à ceux qui n'en ont plus et de la joie à ceux qui l'ont perdue. » Ce rituel du bénédicité a le mérite de replacer la nourriture dans le cycle de la vie dont nous parlions tout à l'heure. Qu'il s'agisse d'un bloc de foie gras si l'on m'en offre un – ce qui est rare (!) – ou du riz que je mange au moins cinq fois par semaine...

Brigitte Lahaie : Mais, mon père, songez au pauvre malheureux canard qu'on a gavé jusqu'à la mort !

Père Patrice Gourrier : C'est possible. Mais, désolé, je ne privilégie pas l'animal sur l'homme. Même si je respecte beaucoup les animaux, je n'oublie jamais que c'est l'homme qui est le sommet de la création. Mais ce que nous disons m'évoque une autre image, en rapport avec notre discussion de ce chapitre sur l'instrumentalisation de la sexualité : le fast-sexe. La multiplication des rencontres rapides, sans lendemain...

Brigitte Lahaie : Je vous arrête avant que vous ne suggériez qu'on les interdise : d'accord, elles trahissent bien souvent une souffrance, une misère sexuelle ou affective et, sur le fond, elles ne résolvent rien. Mais elles aident au moins à pallier une angoisse immédiate.

Père Patrice Gourrier : Je n'allais pas du tout suggérer de les interdire. Ce n'est pas ma vocation, d'interdire. Pour qui voulez-vous à tout prix me faire passer ? Un censeur ? Vous avez cependant raison d'évoquer la notion de « souffrance ». Les addicts du sexe sont des gens malheureux. Je pense notamment à tous ces hommes – nous en avons déjà parlé – scotchés devant leurs écrans d'ordinateur. La sexualité, par essence, est incarnée. Or, devant l'ordinateur, elle est désincarnée.

Brigitte Lahaie : Ce qui me gêne, dans le cas de l'addiction sexuelle, c'est qu'on la juge. Car on ne va pas juger celui qui est dans l'addiction à l'alcool, à la cigarette, ou l'addiction au travail.

Père Patrice Gourrier : Bien sûr que si. Regardez autour de vous ! On réglemente de plus en plus la consommation d'alcool, de cigarettes, ce qui faisait dire à l'un de mes enseignants que l'on réglemente de plus en plus notre manière de jouir.

Brigitte Lahaie : Pour des raisons de santé publique, pas de morale ! La masturbation devant l'ordinateur traduit un malaise, j'en conviens. Mais dire « ce n'est pas bien », ça n'aide pas la personne qui en souffre. Il faut d'abord comprendre.

Père Patrice Gourrier : Soyons clairs. Il n'existe pas de textes de l'Église interdisant la masturbation devant l'ordinateur. Mais le prêtre de base que je suis est de plus en plus confronté au phénomène. Je n'ai pas à dire que c'est un péché ou pas un péché, mais je demande toujours à mon interlocuteur s'il trouve cela épanouissant. En général, la réponse est non. À partir de là, à moi de l'aider à trouver des pistes à la lumière de la foi.

Daniel Garcia : La fuite de ces hommes sur Internet n'est-elle pas la conséquence de leur malaise face à des femmes libérées ?

Père Patrice Gourrier : Probablement. Sur Internet, on leur présente un modèle de femme soumise. Comme dans les films pornographiques. Mais c'est un cercle vicieux. Car le porno véhicule une image éloignée de la réalité. Je suis convaincu que les jeunes qui voient des pornos trop tôt subissent un traumatisme qu'ils ne seront pas capables d'assumer.

Brigitte Lahaie : Taratata ! Tout va dépendre de leur équilibre psychique. Le porno est un sujet que j'ai beaucoup étudié – et pratiqué ! –, et les idées sont vraiment partagées.

Daniel Garcia : Mais le porno met en scène des corps sculptés, peu en rapport avec l'anatomie du commun des mortels. Chez l'homme, les acteurs sont hypermembrés...

Brigitte Lahaie : Cela a toujours été plus ou moins ainsi. Pour une raison toute simple : le porno, c'est aussi et quand même du cinéma. Dans un film d'aventure, on croit plus au héros s'il est musclé façon Rambo ou Schwarzenegger. Dans le porno, c'est la même chose : on préférera un acteur avec un sexe plus performant, parce qu'on le verra mieux. Mais il y a aussi une raison psychologique, qui préside en quelque sorte au casting de ce genre de film. Ce ne sont pas tous les hommes qui ont envie de faire du porno. J'ai pu constater que les acteurs de porno étaient tous dans l'adoration de leur propre sexe. Ils l'adorent et ils veulent le montrer. Cela dit, je ne suis pas sûre que cela soit si traumatisant pour les spectateurs. Sont-ils complexés ? Quelques-uns, peut-être, mais, chaque fois que des auditeurs m'appellent pour déplorer la taille de leur sexe, bien souvent je constate qu'ils ont un sexe de taille normale. La vérité, c'est que le complexe sur la taille du pénis en cache toujours un autre. J'en veux pour preuve que des hommes possédant, pour le coup, un vraiment petit sexe ne sont pas tous complexés. Un complexe physique, il faut le savoir, cache toujours quelque chose de plus intime. Par exemple, quand une femme objectivement très belle est mal à l'aise dans son corps, c'est bien souvent parce que son père ne lui a jamais dit qu'elle était belle. J'ai parfois des pères qui m'appellent, ils s'inquiètent parce que leur gamin de dix ans a encore un tout petit sexe. Alors qu'il n'est même pas pubère ! Je me dis que le pauvre gamin part avec un handicap. La pensée forte du père, forcément l'enfant la ressent.

Daniel Garcia : Les psychanalystes opèrent une distinction entre la notion de pénis et la notion de phallus. Un homme identifie souvent sa valeur phallique, sa virilité, à la taille de son sexe. Ce qui serait une erreur.

Brigitte Lahaie : Tout à fait. Le complexe est souvent autre. Les hommes dotés d'un petit sexe savent souvent se montrer plus caressants, s'intéressent davantage aux préliminaires... Bref, ils vont se révéler de bien meilleurs amants que ceux trop fiers de leur membre, qui s'imaginent qu'il suffit de culbuter bobonne sur le divan pour que tout aille bien.

Daniel Garcia : Pour en revenir au porno, vous ne pouvez pas nier qu'il met en scène une vision dégradée de la femme !

Brigitte Lahaie : Là oui, je suis d'accord. Mais c'est un phénomène récent. Le porno, ça va peut-être en choquer certains, est la vitrine de la société. Il y a trente ans, les scénarios étaient à peu près tous identiques : une femme, mariée, bourgeoise, s'envoyait en l'air avec un plombier, qui n'était pas forcément encore polonais, ou avec un quelconque ouvrier de passage. Combien j'ai pu en jouer, de ces bourgeoises ! C'était une manière de mettre en scène la femme se libérant. Le porno, à cette époque-là, accompagnait un mouvement général d'émancipation féminine et se situait nettement en faveur de la femme. Et puis ça a basculé. Aujourd'hui, il est devenu le rempart du machisme, alors en effet on y dégrade la femme, qu'on prend par tous les trous qui sont disponibles, et qui va forcément jouir, parce qu'on est des mecs virils. C'est un discours qui ne laisse plus beaucoup de place ni à l'amour ni à l'érotisme. Le problème, c'est que le discours sur l'amour n'est plus présent nulle part. Quand je vois qu'on parle de sodomie ou de fellation dans des magazines qui s'adressent aux jeunes de quinze ans, je suis presque choquée. C'est peut-être un petit peu tôt, quand même !

Père Patrice Gourrier : On pourrait même dire carrément trop tôt !

Brigitte Lahaie : Cela dit, les jeunes disposent aussi de beaucoup plus d'informations qu'autrefois. Il y a dix ou quinze ans, la fellation était encore un sujet largement tabou. Beaucoup de femmes m'ont avoué que c'était parce qu'elles m'avaient vue à l'écran qu'elles avaient osé le faire à leur mari. Je crois qu'il ne faut pas occulter ce rôle pédagogique du porno. Et tant pis, encore une fois, si je choque. Que certains films, aujourd'hui, soient obscènes ne doit pas conduire à diaboliser le porno.

Daniel Garcia : Ce n'est quand même pas une très bonne initiation à l'amour !

Brigitte Lahaie : Mais ce n'est pas son rôle ! Le porno, ce sont deux organes génitaux qui se rencontrent, point barre.

Père Patrice Gourrier : Magnifique horizon !

Brigitte Lahaie : Vous n'allez quand même pas me dire, par exemple, que regarder un film porno, c'est tromper sa femme ?

Père Patrice Gourrier : Quelque part, cela signifie que quelque chose ne va pas, et je pense qu'il faut prendre les choses au sérieux.

Daniel Garcia : Et un couple qui regarde un porno ?

Père Patrice Gourrier : Je suis prêtre, pas sexologue ! Mais cela signifie peut-être que le désir dans le couple est en panne.

Brigitte Lahaie : Peut-être. Ou peut-être que non.

Père Patrice Gourrier : De toute façon, il ne s'agit pas d'interdire, mais, là encore, d'éduquer.

Brigitte Lahaie : Et aucune interdiction ne résoudra jamais le problème de gens chez qui on a créé un besoin.

Père Patrice Gourrier : Vous avez entièrement raison d'employer ce terme de « besoin ». Le drame, c'est qu'on a remplacé le désir par le besoin. Or ce n'est pas la même chose. Nous vivons dans une société qui nous pousse à avoir sans cesse de nouveaux besoins. Quelque part, on a tué le désir. Ou du moins, on l'a anesthésié.

Brigitte Lahaie : Dès qu'on est dans le besoin, on n'est plus dans la liberté. Car la liberté, c'est justement de ne plus avoir de besoins.

Père Patrice Gourrier : Alors que le désir est un formidable moteur de la vie. La Bible comporte d'innombrables allusions au désir. Il ne faut pas en avoir honte. Le besoin, lui, n'est pas un moteur, c'est un esclavage. Et un esclavage qui n'engendre que des frustrations, car bien sûr il n'est jamais possible d'assouvir tous nos besoins.

XIII

La pédophilie

Daniel Garcia : Il est difficile de ne pas évoquer la pédophilie dans ce dialogue, quand on sait la place qu'elle occupe aujourd'hui dans le discours moraliste sur la sexualité...

Brigitte Lahaie : Avec à la clé beaucoup de raccourcis faciles, et d'abord celui qui consiste à faire croire qu'il y a plus de pédophiles aujourd'hui qu'hier. La pédophilie existe depuis la nuit des temps, mais on parle enfin, et c'est tant mieux. Il faut toujours que les choses soient moins taboues pour qu'elles se règlent. Mais qu'on en parle davantage n'a pas provoqué d'augmentation du phénomène. Cela dit, ce n'est pas non plus pour cela qu'il ne faut pas la combattre sévèrement ! Tous les tyrans ont été des enfants maltraités ou abusés. Si nous voulons une société meilleure, il est donc nécessaire de protéger les enfants de la violence et des abus sexuels.

Père Patrice Gourrier : Dans les Évangiles, le Christ insiste beaucoup sur la protection de l'enfant.

Daniel Garcia : Le Christ, peut-être. Mais reconnaissez que l'Église a beaucoup tardé avant de reconnaître l'existence du problème en son sein.

Père Patrice Gourrier : C'est vrai. C'est Jean-Paul II, me semble-t-il, qui a été le premier à donner de véritables directives en ce domaine, sous l'influence du cataclysme que traverse l'Église américaine. Plusieurs diocèses américains ont eu en effet à payer d'énormes indemnités compte tenu non seulement de la gravité des faits, mais aussi de leur fréquence. Mais, si l'Église a tardé à réagir, aujourd'hui les choses sont plus claires. Chaque prêtre a reçu il y a quelques années un livret sur la question. J'aimerais savoir si toutes les institutions ont fait le même travail. Car enfin, n'y a-t-il pas des enseignants, des éducateurs, dont les penchants pédophiles étaient notoires, qui ont simplement été déplacés d'un endroit à un autre... Cela dit, n'accablons pas trop les institutions. La découverte d'un pédophile au sein d'une famille crée toujours des phénomènes de refoulement ou de déni. Combien d'épouses, par exemple, refusent de voir ce que fait leur mari, de peur de le perdre. Ainsi, je connais des jeunes femmes qui en veulent à leur mère avant d'en vouloir à leur père, parce que celle-ci savait et qu'elle n'a rien fait, et surtout rien dit. Ce qui est vrai au niveau familial l'est aussi au niveau institutionnel. Ce qui est sûr en ce qui concerne l'Église, c'est qu'à côté des indemnités versées aux familles, elle est appelée à prendre des sanctions en son sein.

Daniel Garcia : Vous-même, dans l'exercice de votre sacerdoce, avez-vous été confronté à des pédophiles ?

Père Patrice Gourrier : Deux fois, et chaque fois des hommes mariés, profil le plus fréquent du pédophile. Ma position a toujours été très claire : je ne leur donne pas l'absolution tant qu'ils ne se sont pas dénoncés à la police. Car certains viennent voir un prêtre dans l'espoir qu'on va leur répondre qu'au fond ce n'est pas si grave et que Jésus les aime quand même... Il n'est évidemment pas question de tomber dans ce piège.

Brigitte Lahaie : La pédophilie est toujours un cataclysme du point de vue de l'enfant, et c'est un crime du point de vue de l'adulte qui s'y livre. Il ne faut pas avoir peur d'employer ce mot de « crime », ni avoir peur de punir les pédophiles comme des criminels. Le problème, c'est que le discours ambiant, très réactif, conduit à diaboliser à outrance la pédophilie. C'est un excès regrettable, car cela empêche les hommes – ou les femmes, car les femmes pédophiles, cela existe également – qui ont des désirs, des fantasmes pédophiles, de pouvoir en parler. Or, pouvoir en parler évite bien souvent le passage à l'acte. Nous sommes bien d'accord que ce qui est mal, ce n'est pas le fantasme, mais le passage à l'acte. Si parler de la pédophilie aujourd'hui est une bonne chose, car le tabou s'est brisé, ne tombons pas non plus dans l'excès inverse qui consisterait, au nom de la protection de l'enfant, à s'interdire de parler de sexualité. Je vois bien comment certains, par exemple, font l'amalgame entre pornographie et pédophilie. Pourtant, ça n'a rien à voir ! Un pornographe, un libertin, un mari infidèle... n'est jamais pédophile, car il a une sexualité adulte. La pédophilie, au contraire, c'est une sexualité qui a peur de l'adulte.

Daniel Garcia : Évoquez-vous parfois le sujet dans votre émission ?

Brigitte Lahaie : Jamais. C'est le seul tabou de l'émission. Parce que si j'ouvrais l'antenne à des hommes désireux de me raconter leurs fantasmes pédophiles, on m'accuserait de prosélytisme. Pourtant, il ne faut pas se voiler la face, ces fantasmes existent chez beaucoup d'hommes, et ils sont presque naturels. Un ami très proche m'a avoué avoir eu des érections devant sa fille de douze ans. Pourquoi ne pas reconnaître qu'un homme normalement constitué, épanoui dans sa sexualité, puisse avoir, à un moment donné, une pulsion pour une fillette ? Ou pour un jeune garçon ? Seulement, on marque tellement au fer rouge les pédophiles que plus personne n'ose avouer publiquement un fantasme pédophile. Il n'y a tout simplement plus aucun lieu de parole pour cela. Il est beaucoup plus facile, aujourd'hui, de parler de zoophilie que de pédophilie.

Daniel Garcia : De zoophilie ? Mais cela ne touche qu'une infime minorité de gens, non ?

Brigitte Lahaie : Détrompez-vous. Il y a plus de gens qui pratiquent la zoophilie que le SM pur et dur.

Père Patrice Gourrier : Les bras m'en tombent !

Daniel Garcia : Vous n'avez jamais reçu de zoophile en confession ?

Père Patrice Gourrier : Pas encore !

Brigitte Lahaie : Ils viennent plus facilement à moi. Parce qu'ils savent qu'avec moi ils auront l'absolution !

Père Patrice Gourrier : Ne me faites pas à nouveau passer pour un juge ! N'oubliez pas qu'un prêtre, dans l'exercice de ses fonctions, est invité à vivre deux paroles du Christ qui me paraissent fondamentales : « Ne jugez pas et vous ne serez pas jugés », et « Tes péchés sont pardonnés ». Le Christ ajoutant : « Va et ne pèche plus » !

XIV

La famille

Daniel Garcia : Nous avons déjà beaucoup parlé du mariage, du couple, mais pas encore de la famille...

Père Patrice Gourrier : Une chose me surprend toujours en ce qui concerne la famille. Quand les psychanalystes ou les psychologues nous disent qu'un père, une mère, c'est important pour le développement d'un enfant, tout le monde trouve cela extraordinaire. Mais quand l'Église tient le même discours, on dit : « C'est ringard. »

Brigitte Lahaie : Là où je suis assez d'accord, c'est lorsqu'un couple décide d'avoir un enfant. Car désormais, il s'agit bien d'un choix, les enfants n'arrivant plus par fatalité. Or je trouve que, bien souvent, cette responsabilité est prise trop à la légère. Je suis terriblement choquée par tous ces couples qui divorcent au-dessus du berceau d'un enfant en bas âge. Il me paraît urgent de redonner un peu plus de sens à la responsabilité que représente le fait d'être père ou mère. Je suis moins choquée par un mari ou une épouse infidèle que par un père ou une mère qui divorcent alors que leur enfant n'a que deux ans. Hélas, c'est de plus en plus fréquent. Qu'un couple qui s'est marié jeune divorce au bout de quinze ans de mariage, cela peut se comprendre : après tout, en quinze ans, on change énormément. Mais quand des jeunes gens s'épousent et se quittent au bout de deux ans, voilà qui pour moi est choquant. Car si on se penche un peu sur leur histoire, bien souvent on constate que l'issue en était prévisible. Ils vivaient une relation passionnelle qui ne pouvait pas se transformer en amour. Il serait urgent d'expliquer aux jeunes que s'ils veulent faire des enfants, ils devraient d'abord s'assurer d'être dans une vraie relation d'amour, et non dans une relation passionnelle. Car la passion ne dure jamais. On le sait.

Daniel Garcia : Mais, parfois, ces couples à très courte vie n'ont, justement, d'autre justification que de donner naissance à un enfant...

Brigitte Lahaie : Oui, et c'est encore pire. J'estime que nous devrions nous montrer plus sévères envers ces femmes qui veulent se passer des hommes. J'ai encore eu le cas, récemment, d'une auditrice qui m'a annoncé : « J'ai fait un enfant toute seule. » Je lui ai répondu que non, elle avait au moins eu besoin d'un homme pour le concevoir, cet enfant. Dieu sait si je prône la liberté de l'individu, mais là, nous sommes dans le n'importe-quoi. Je suis désolée, mais la famille, pour moi, ça a du sens. Parce que c'est la sauvegarde de la société. Si demain la famille n'a plus de sens, la société n'a plus de sens.

Daniel Garcia : Pourquoi font-elles un enfant toutes seules ?

Brigitte Lahaie : Ce sont des femmes qui ne savent pas vivre dans l'altérité. Elles ne cherchent jamais que la relation fusionnelle. C'est très dangereux pour l'enfant, qui sera surprotégé les premières années par une mère toute-puissante.

Père Patrice Gourrier : C'est une sorte de doudou, mais un doudou qu'on aimerait toujours souriant et disponible. Il n'y a alors pas de place pour l'homme. Alors, quand il s'énerve, on lui donne des calmants. Et quand sa présence fatigue, on l'assoit devant la télévision pour l'« anesthésier ». C'est pourquoi je n'aime pas l'expression « faire un enfant ». On ne « fait » pas un enfant : on « a » un enfant. La nuance est de taille. L'enfant n'est pas une simple production, comme un « gâteau ». C'est beaucoup plus que cela : c'est une vie qui est donnée au couple, dont ils seront les auteurs, bien sûr, mais dont ils seront également responsables.

Brigitte Lahaie : Et pour dix-huit ans, ce qui n'est pas rien.

Daniel Garcia : Pourquoi les couples se séparent-ils si vite ?

Père Patrice Gourrier : Je crois que nous vivons à une époque d'immédiateté, où plus personne ne supporte la frustration. Au bout d'un an ou deux de vie commune, on s'aperçoit que l'autre n'est pas exactement comme on aurait aimé qu'il soit. La bonne réponse serait de dépasser cette étape qui est tout à fait naturelle, et de continuer d'avancer ensemble. Mais aujourd'hui, plutôt que d'accepter la difficulté et de vouloir la surmonter, on préfère se séparer, pour tenter autre chose avec quelqu'un d'autre. C'est pourquoi il est important de s'interroger. Prôner la famille c'est bien, mais quelle famille ? Il est important que chacun ait son rôle et soit à sa place. Ce qui est loin d'être toujours le cas.

Brigitte Lahaie : Le père Gourrier ne sera pas d'accord avec moi, mais je suis convaincue que l'adultère peut sauver la famille. Aujourd'hui, en effet, j'ai du désir pour un autre, donc je pars. On construit des fidélités successives, avec des enfants successifs, ce qui aboutit à ces familles recomposées qu'on nous érige en exemple. C'est un peu ridicule. Encore une fois, il serait plus logique de redonner du sens à l'engagement.

Père Patrice Gourrier : Je dis souvent que nous sommes entrés dans l'ère de l'amour CDD. Moi, je crois à l'amour CDI !

Brigitte Lahaie : Mais moi aussi ! C'est d'ailleurs pour cela que j'aimerais que l'on restaure les fiançailles.

Daniel Garcia : Comme période probatoire ?

Brigitte Lahaie : Oui. Pour voir si le projet de vie commune a du sens. Les fiançailles permettraient de se donner le temps de la réflexion, pour s'assurer que l'on a bien envie de se marier et d'avoir des enfants. Ce serait aussi une façon de redonner aux gens le sens des responsabilités.

Père Patrice Gourrier : Je ne peux qu'approuver. Du reste, si ce livre a vu le jour, comme je l'ai raconté dans sa préface, c'est parce que j'avais été séduit d'entendre Brigitte Lahaie parler, à la radio, des fiançailles. Avant de prendre l'engagement d'une vie à deux, il est important de réfléchir. Je reçois beaucoup de jeunes couples, lors des préparations au mariage. Je n'ai pas à juger leur relation, mais je vois bien si l'amour est au rendez-vous ou s'il n'y est pas. J'ai eu notamment le cas, récent, d'une jeune fille dont il était visible qu'elle était amoureuse de l'amour, mais pas amoureuse du garçon qu'elle se destinait à épouser. Elle n'en avait pas elle-même conscience. Comment, dans ces conditions, parviendra-t-elle à surmonter les difficultés lorsque, inévitablement, celles-ci vont se présenter ?

Brigitte Lahaie : De mon côté, je pourrais citer le cas d'un de mes meilleurs amis, un homme de quarante-huit ans, qui vit avec la même compagne depuis cinq ans, laquelle souhaite voir leur relation déboucher sur un mariage. Comme je suis férue d'astrologie, je me suis servie des cartes pour tenter de convaincre mon ami que ce n'était pas le meilleur moment, d'après les astres, pour qu'il se marie. Il a bien voulu m'écouter. Au moins, je sais maintenant que s'il se marie vraiment un jour, ce sera pour lui, et non pas seulement pour faire plaisir à cette femme. Car si, à quarante-huit ans, il n'est toujours pas marié, c'est pour moi le signe que l'engagement représente quelque chose d'important à ses yeux. Le mariage n'est pas anodin.

Daniel Garcia : Mais aujourd'hui, on se marie facilement, parce qu'on sait qu'on peut tout annuler ensuite.

Brigitte Lahaie : Oui, c'est hélas l'un des effets pervers du divorce.

Père Patrice Gourrier : Et c'est bien pourquoi le mariage chrétien doit conserver les valeurs qui le fondent. La fidélité entre les époux en est une. L'indissolubilité du lien contracté devant l'autel en est une autre.

Brigitte Lahaie : Je crois qu'il suffit de dire aux gens que la liberté, cela a quand même un prix, et qu'être libre, c'est être responsable, et ne pas se permettre tout et n'importe quoi.

Père Patrice Gourrier : Il me revient en mémoire une caricature, très drôle, montrant un couple avachi devant un poste de télévision, avec en légende cette phrase célèbre empruntée à Saint-Exupéry : « Aimer, c'est regarder dans la même direction. » Nous savons pourtant qu'aimer, c'est avant tout construire une histoire à deux. La famille se construit là.

Brigitte Lahaie : Oui, mais la famille, ce n'est pas seulement la vie de couple, la passion charnelle pour le partenaire et les enfants. La famille, ce sont aussi nos parents. Et nos grands-parents. Je crois que si l'on veut s'épanouir, être bien avec ses enfants, il faut être bien aussi avec ses parents. Amour et transmission, au sens large. Il ne s'agit pas de revenir en arrière. Notre mode de vie, aujourd'hui, ne nous permet plus d'accueillir les personnes âgées sous notre toit, mais au moins qu'on s'occupe un peu plus des seniors que nous le faisons actuellement. Sans compter que nous donnons le mauvais exemple à nos enfants, qui ne se sentiront pas, plus tard, engagés à s'occuper de nous...

Daniel Garcia : Revenons aux fiançailles, puisque c'est un point d'accord entre vous : vous-même, Brigitte, vous êtes-vous fiancée ?

Brigitte Lahaie : Oui, et c'était très important pour moi.

Père Patrice Gourrier : Pour ceux qui se marient à l'église, une célébration est prévue, qui marque le début de la période des fiançailles. Elle a à mes yeux moins de sens quand les personnes vivent ensemble depuis plusieurs années.

Brigitte Lahaie : Je ne me suis pas mariée à l'église, mais j'ai quand même tenu à marquer le coup. Nous avons organisé une grande fête, avec tous nos amis, et j'ai reçu ma bague de fiançailles. La symbolique, le rituel étaient là.

Daniel Garcia : Votre idée risque d'être reprise au vol par les marchands du Temple. Car enfin, cela générerait un marché énorme.

Brigitte Lahaie : Eh bien, tant mieux ! Lançons la mode !

XV

Homosexualité, mariage gay, homoparentalité

Daniel Garcia : Quelle est aujourd'hui la position officielle de l'Église sur l'homosexualité ?

Père Patrice Gourrier : Cela ne vous étonnera pas, mais dans ses textes officiels l'Église n'encourage pas l'homosexualité. Elle estime celle-ci contraire à la loi naturelle[1]. Les textes précisent cependant que « les homosexuels doivent être accueillis avec respect, compassion et délicatesse[2] », n'encourageant en rien l'homophobie que l'on trouve dans la société et qui constitue désormais un délit. Rappelons que le Christ n'a jamais condamné ni exclu personne, et que ce n'est pas dans les pays chrétiens que l'homosexualité est passible de peines de prison, voire de la peine de mort. Pourtant, là encore l'Église est perçue comme une institution qui condamne. C'est sans doute parce qu'elle devrait davantage expliquer qu'elle promeut

1. *Catéchisme de l'Église catholique*, n° 2357.
2. *Ibid*, n° 2358.

une image de l'amour et du couple qui implique nécessairement un homme et une femme, sans jeter pour autant l'anathème sur les uns ou sur les autres.

Daniel Garcia : On a l'impression que vous vous démarquez de la position de votre hiérarchie...

Père Patrice Gourrier : Encore une fois, le prêtre de base que je suis est confronté à la réalité du « terrain », si je puis me permettre cette expression. Cela m'invite à une approche humaine des choses. Si un prêtre n'est pas capable d'accepter l'humain dans sa complexité, autant qu'il choisisse une autre voie. J'ai des paroissiens homosexuels. Certains sont venus me le dire. D'autres pas. Certains vivent seuls, d'autres vivent en couple. À l'Église, rien de tout cela ne se voit. Et ce sont, par ailleurs, des chrétiens comme les autres, avec leurs certitudes, leurs doutes, leur lumière et leurs zones d'ombre. Dans tous les cas, comme les autres, ils sont animés par une foi qui les fait vivre. Je n'ai donc pas à les rejeter. N'oublions pas qu'à mes yeux les chrétiens ne sont pas des purs, mais des pécheurs convertis ou en voie de conversion. La tendance qui se dessine actuellement, dans et hors de l'Église, vers une pureté absolue constitue à mes yeux une erreur voisine de l'hérésie cathare, ces derniers se présentant à l'époque comme des purs. Si seuls les purs devaient avoir le droit de communier, bien peu de gens pourraient le faire le dimanche, me semble-t-il ! De plus, mais là c'est sans doute mon côté psychologue qui parle, je me méfie toujours de ceux qui crient et condamnent un peu trop violemment l'homosexualité. Très souvent, ces cris cachent des fragilités, et on s'aperçoit, en creusant un peu, qu'ils sont proférés dans bien des cas par des personnes qui refusent leur propre homosexualité.

Daniel Garcia : Vous devez sans doute avoir aussi rencontré le cas de familles dans lesquelles l'un des enfants se déclare homosexuel ?

Père Patrice Gourrier : Oui. J'ai vu, en la matière, tous les cas de figure : des parents qui mettaient leurs enfants dehors, d'autres qui faisaient semblant de ne rien savoir, d'autres enfin qui évoluaient complètement, jusqu'à recevoir à déjeuner le dimanche le compagnon de leur fils ou la compagne de leur fille. Bref, toutes les réactions sont possibles. Mais, chaque fois, j'invite toujours les parents à ne jamais perdre de vue qu'il s'agit d'abord de leur fils, ou de leur fille et que, quels que soient les choix faits, cet enfant demeure leur enfant.

Brigitte Lahaie : En effet ! L'homosexualité est l'une des premières causes de suicide chez les adolescents.

Daniel Garcia : Mais ils ne se suicident pas parce qu'ils sont homosexuels !

Père Patrice Gourrier : Non, bien sûr, mais parce qu'ils se sentent rejetés, par la société, par leur famille, par leurs camarades... Cela dit, tout cela est fort complexe. Ainsi, il m'est arrivé parfois de recevoir des homosexuels qui ne souhaitaient surtout pas que je leur dise que ce n'était pas grave.

Daniel Garcia : Mais pourquoi viennent-ils vous voir ? Parce que l'Église est la seule institution qui tienne un discours sur la sexualité en général, y compris – et là son discours est négatif – sur l'homosexualité ?

Père Patrice Gourrier : C'est précisément cela. J'ai souvent l'impression que les personnes qui viennent me voir, lorsqu'elles veulent m'entretenir de sexualité, cherchent la loi. Elles veulent s'entendre dire la loi. Mais, pour en revenir à ces homosexuels qui ne souhaitent surtout pas que je leur dise que ce n'est pas grave, je crois que, quelque part, cela les aurait rassuré de savoir que c'est un péché, car la culpabilité leur donne un statut. Je me souviens notamment du cas délicat d'un jeune homme qui était venu me voir pour me confier son homosexualité. J'ai cru bien faire en lui répondant que ce n'était pas son homosexualité qui le définissait, mais j'ai eu l'impression qu'en lui retirant cette culpabilité il allait s'effondrer...

Brigitte Lahaie : Je voudrais dire quelque chose, au sujet de l'homosexualité, qui ne va sans doute pas plaire au père Patrice Gourrier : c'est que beaucoup d'hommes d'Église sont des homosexuels refoulés.

Père Patrice Gourrier : Je m'y attendais ! Vous comprendrez que je ne peux pas adhérer à vos propos, par trop réducteurs et généralistes !

Brigitte Lahaie : Et pourtant, j'insiste, car c'est à mes yeux important d'en avoir conscience. Attention : il ne s'agit pas du tout, dans mon esprit, de vouloir pratiquer l'amalgame entre homosexualité et pédophilie. Simplement, je dis que lorsqu'un jeune homme, dans une famille, annonce qu'il se destine à rentrer dans l'Église, bien souvent c'est un homosexuel refoulé, qui va vouloir se réfugier dans l'Église.

Père Patrice Gourrier : Très franchement, ça ne tient pas dans le temps. Quelqu'un qui devient prêtre pour se fuir lui-même ou pour fuir le monde ne tient pas, car c'est un « métier » trop dur !

Brigitte Lahaie : Il faut comprendre qu'ils sont dans le refoulement total. J'ai encore eu récemment l'exemple autour de moi d'un jeune homme qui a choisi cette voie. Tout le monde, pourtant, devine qu'il est homosexuel. Mais lui-même refoule tellement qu'il n'a sans doute pas conscience de ses penchants.

Daniel Garcia : Mais sinon, j'imagine que votre position sur l'homosexualité diffère radicalement de celle du père Gourrier ?

Brigitte Lahaie : Totalement. Quand on parle de sexualité, il est important de séparer le plaisir de la reproduction. À partir de là, il n'y a aucune raison de jeter la pierre aux homosexuels. Je ne vois pas en quoi, aujourd'hui, l'homosexualité constituerait un danger pour la société. Encore qu'il faille à mon avis opérer une différence entre ceux qui sont réellement dans l'amour du même sexe, et ceux qui sont dans le rejet de l'autre sexe. Ces derniers, à mon sens, ont besoin d'aide, car leurs défenses névrotiques les incitent à développer certaines intolérances. Mais, pour le reste, il serait vraiment trop triste d'avoir la sexualité des animaux : c'est notre part de fantasmes, de « perversions », qui enrichit la sexualité humaine. Cela dit, tant que l'homosexualité ne sera pas acceptée très largement dans la société, il ne sera jamais anodin de se déclarer homosexuel : c'est forcément un « aveu » qui questionne la part plus ou moins latente d'homosexualité qui est en chacun de nous.

Daniel Garcia : Avez-vous souvent des auditeurs qui vous parlent d'homosexualité ?

Brigitte Lahaie : Très souvent, ce sont des mères qui m'appellent, après que leur enfant leur a avoué son homosexualité. Et, la plupart du temps, elles demandent : « Qu'est-ce que j'ai fait de mal ? » Comme si c'était mal d'avoir un enfant homosexuel ! Il faut cesser de croire à la toute-puissance des enfants et s'imaginer que nous devrions faire des enfants parfaits, car l'enfant parfait, cela n'existe pas.

Daniel Garcia : Derrière cette question, il y a bien, quand même, l'idée d'un « ratage » : on a « raté » son enfant.

Brigitte Lahaie : Ça, c'est ce qui est formulé. Mais le sous-entendu, bien souvent, est tout autre : c'est la crainte de ne pas avoir de petits-enfants. Quand on creuse un peu, on entend ce deuil à faire des petits-enfants. Mais c'est juste un poids à dépasser.

Daniel Garcia : Et s'agissant du mariage gay ? Pour l'Église, on le sait, c'est « niet », mais pour vous ?

Père Patrice Gourrier : C'est une question piège ! Personnellement, et cela n'engage que moi, j'estime que le Pacs ne représente pas un danger pour le mariage hétérosexuel. Le plus grand danger actuellement pour le mariage hétérosexuel, ce sont à mon avis les couples mariés eux-mêmes qui l'incarnent, en ne respectant pas, pour certains, leur engagement, et qui, par un taux grandissant de divorces, dénaturent l'institution du mariage. Je pense sincèrement que l'Église aurait intérêt à revisiter ce sacrement en instaurant, pourquoi pas, des étapes. Nous avons parlé, dans un autre chapitre, des fiançailles. Voilà une étape. On peut en imaginer d'autres. Il faudrait éviter de donner ce sacrement trop vite, car il lie les personnes à jamais. Si le mariage est indissoluble, c'est parce que le prêtre n'en est que le témoin : ce sont les mariés eux-mêmes qui se donnent entre eux le sacrement. On célèbre aujourd'hui beaucoup trop de mariages sans texture.

Daniel Garcia : Vous, Brigitte, vous êtes pour le mariage homosexuel ?

Brigitte Lahaie : Complètement. D'abord, je ne vois pas pourquoi deux personnes qui s'aiment n'auraient pas le droit de l'officialiser. Vous me direz, il y a le Pacs. Mais ce n'est pas suffisant. Il n'a pas cette connotation d'institution qu'est le mariage, et qui en fait un lien très fort. Cela dit, je comprends que le mot « mariage », appliqué à des homosexuels, choque encore certains, car dans notre culture, le mariage, c'est un homme et une femme. J'ai même eu un jour un auditeur qui a voulu me convaincre que le couple, c'était forcément un homme et une femme. Or, pas du tout : le couple, c'est une paire. Peu importe qu'elle soit constituée d'un homme et d'une femme, de deux hommes ou de deux femmes. Et c'est justement en raison de ces réticences culturelles que je suis pour le mariage gay : non seulement cela n'enlèvera rien aux hétérosexuels, mais c'est à mon avis l'un des meilleurs moyens d'en finir avec l'homophobie. Le jour où la société reconnaîtra par une loi le droit à deux hommes ou à deux femmes de s'unir au même titre que les hétérosexuels, les choses commenceront réellement à changer, car on sait que pour beaucoup de gens la loi est un surmoi, qui arrêtera leurs fantasmes homophobes. C'est vraiment, pour moi, l'argument le plus important en faveur du mariage gay. On l'a bien vu en Espagne, où le mariage homosexuel a été légalisé en 2004, et où les mentalités ont déjà profondément évolué. C'est pour cela, aussi, qu'il est important que le même mot de mariage s'applique aux hétérosexuels comme aux homosexuels. Car employer deux vocables différents, comme certains le souhaiteraient, c'est quelque part mettre la sexualité homosexuelle à un rang inférieur à celui de la sexualité hétérosexuelle.

Daniel Garcia : Benoît XVI s'est justement rendu en Espagne...

Père Patrice Gourrier : Oui, et il s'est montré très habile avec le Premier ministre Zapatero. Au lieu de condamner ce qui se passait en Espagne, il a déclaré : « L'Église propose un autre modèle de mariage, qui est l'union d'un homme et d'une femme. » L'Église défend, promeut un modèle. Libre ensuite à chacun de l'accepter ou non.

Brigitte Lahaie : Le père Patrice Gourrier parlait tout à l'heure de la mise à mal de l'institution du mariage par les hétérosexuels. Je suis convaincue que si demain le mariage gay était légalisé en France, les homosexuels qui se marieraient divorceraient moins que les hétéros. Car, aujourd'hui, deux hommes qui éprouvent très fort le désir de se marier, ce sont deux hommes qui s'aiment réellement très fort. Il faut arrêter de croire ou de dire que les homosexuels sont plus infidèles que les hétérosexuels...

Daniel Garcia : Mais le refus du mariage gay s'entend aussi, chez certains, comme un refus, d'abord, de l'homoparentalité, qui ne manquerait pas d'être reconnue dans la foulée...

Brigitte Lahaie : C'est évidemment un autre stade, plus complexe. Mais là encore, je suis pour. D'abord, parce que cela existe dans la réalité. Notamment chez les femmes lesbiennes, dont un très grand nombre, aujourd'hui, ont trouvé la solution pour avoir un enfant et l'élever à deux. Alors, que fait-on de ces 200 000 ou 300 000 enfants élevés par deux hommes ou par deux femmes ? On les ignore ? On leur dénie le droit de former une famille ? Ce qui est important, dans l'éducation d'un enfant, c'est qu'il puisse avoir un repère masculin et un autre féminin. Ce qui ne veut pas dire que l'on doit obligatoirement confondre le géniteur avec celui qui élève. Ce qui est beaucoup plus choquant, à mes yeux, c'est de voir, aujourd'hui, tous ces parents hétérosexuels qui n'ont même pas la notion de ce qu'est l'éducation d'un enfant. Comme pour le mariage, les homosexuels qui souhaitent avoir des enfants ont souvent beaucoup plus réfléchi que bien des couples hétérosexuels qui font un enfant sans se soucier de l'après.

Père Patrice Gourrier : Personnellement, je ne suis pas favorable à l'homoparentalité, à la fois comme prêtre et comme psychologue. Lacan nous a très bien montré l'importance, pour l'enfant, d'avoir un père et une mère. Cela posé, si l'on veut défendre la famille, il serait urgent de s'entendre sur le modèle de famille qu'on souhaite réellement promouvoir. Pour moi, c'est une famille où chacun a son rôle : le père a son rôle, et la mère a le sien. De plus en plus souvent, on assiste dans les familles à une inversion des rôles qui ne peut être que dommageable pour l'enfant. De fait, nous vivons aujourd'hui une véritable crise de la famille, qui n'est pas liée à la question de l'homoparentalité. Les pères, de nos jours, ne savent plus être pères. Et les mères ne savent plus être mères. Je suis régulièrement confronté à des parents qui m'avouent leur difficulté à dire non, ou à faire respecter une loi à leur enfant, et ce quel que soit le milieu social. Mais c'est normal : eux-mêmes ont manqué de repères dans leur enfance, et ils se retrouvent tout à coup avec des enfants dont ils ne savent pas trop quoi faire. Mais, bien sûr, la question récurrente de l'homoparentalité dans le débat public ne fait qu'ajouter à cette crise de la famille.

Daniel Garcia : Cependant, vous ne pouvez pas nier, comme l'a souligné Brigitte Lahaie, que des milliers d'enfants vivent aujourd'hui au sein d'une famille homoparentale.

Père Patrice Gourrier : Comme souvent, il y a le principe et la réalité. Je suis d'accord pour dire qu'il faut trouver un statut à ces enfants, et à ces hommes et à ces femmes qui les élèvent, pour limiter les dégâts au maximum et ne pas encore aggraver leur situation. Mais je crois qu'au bout du compte on va droit dans le mur.

Brigitte Lahaie : On prend trop l'homoparentalité pour un bouc émissaire bien pratique. Certes, il est essentiel qu'un enfant non seulement reçoive de l'amour, mais aussi qu'il connaisse les limites. Mais je ne vois pas pourquoi ce serait systématiquement la mère qui prodiguerait l'amour et le père qui imposerait les limites. Un couple de parents, c'est deux personnes qui sont là pour apporter l'équilibre à un enfant. Peu importe la répartition des rôles, du moment qu'elle s'opère. Une femme qui élève un enfant toute seule, et qui n'a pas les capacités pour le faire, me semble beaucoup plus dangereuse qu'un couple d'homosexuels qui élèvera un ou plusieurs enfants dans l'amour. Avec des discours passéistes comme celui que vous tenez, vous n'aidez pas la société à se construire de nouveaux repères.

Père Patrice Gourrier : Le problème, c'est qu'à partir du moment où tout devient possible on se retrouve plongés dans la plus totale confusion.

Brigitte Lahaie : Mais tout n'est pas possible ! La science ne nous empêchera jamais d'être mortels, par exemple. Et, je l'ai déjà dit dans un autre chapitre, je suis contre ces femmes qui veulent avoir des enfants au-delà de soixante ans, ou qui veulent rester éternellement jeunes. En revanche, vos arguments nous empêchent d'avancer vers l'épanouissement de tous. Nous vivons une époque formidable, où il est possible de choisir librement son identité sexuelle. Ce serait trop bête de vouloir brimer ce qui est une avancée de l'humanité.

Père Patrice Gourrier : Là-dessus, je suis en total désaccord avec vous. Je ne suis pas sûr que l'on choisisse son identité sexuelle !

Brigitte Lahaie : Je sais, mais ce n'est pas grave ! Pardonnez-moi d'être un peu brutale, mais, quelque part, c'est totalitaire de vouloir refuser le bonheur et la liberté à certaines catégories de personnes.

Père Patrice Gourrier : C'est au contraire l'abus de libertés qui nous jette dans le totalitarisme.

Brigitte Lahaie : Nous ne serons définitivement pas réconciliables sur ce sujet ! Mais je me demande si je ne suis pas plus humaniste que vous ! Pourquoi vouloir toujours mettre le mal en avant ?

Père Patrice Gourrier : Je me refuse à mettre le mal en avant. Encore une fois, le rôle de l'Église, aujourd'hui, est de promouvoir positivement un certain modèle plutôt que de condamner d'emblée, car la société ne reçoit plus les paroles de condamnation. En revanche, cette liberté que vous évoquiez provoque aussi beaucoup de malheur. De plus en plus de gens sont malheureux. Tout cela est très complexe...

Brigitte Lahaie : Non, pour moi, c'est clair, au contraire.

Daniel Garcia : Tout de même, dans son idée de promouvoir un modèle, l'Église défend une « norme ». Or, beaucoup de gens ne rentrent pas dedans.

Brigitte Lahaie : Mais personne ne rentre dans la norme ! Si nous allons, les uns et les autres, au bout de nos fantasmes, personne ne rentre dans la norme.

XVI

Séparation, deuil

Daniel Garcia : Arrive un moment où il faut conclure. Ce pourrait être notre dernier chapitre : la séparation. Qu'il s'agisse d'un divorce ou de la disparition de l'un des conjoints. C'est aussi dans la manière dont se vit cette séparation que s'apprécie une relation d'amour...

Brigitte Lahaie : Complètement. On parle de « divorce à l'amiable », mais il faut savoir que, dans la pratique, un couple se sépare rarement à l'amiable. Quand on s'est vraiment aimés, on finit, avec le temps, par rester amis. Je me méfie de ceux qui sont fâchés avec tous leurs ex : cela ne me rassure pas sur la qualité de la relation qu'ils ont vécue. Mais, même après une grande histoire d'amour, il y a toujours un moment douloureux à vivre. Parce que bien souvent la rupture a été décidée par un seul, et non par les deux en même temps. Alors, soit l'exclu va se conduire mal, soit celui qui veut partir va se conduire mal pour être quitté...

Père Patrice Gourrier : Toute séparation entraîne un travail de deuil. Beaucoup de gens n'arrivent pas à faire aujourd'hui ce travail, et les séparations entraînent beaucoup de drames. Moi non plus, je ne vois pas beaucoup de séparations à l'amiable. Il y a toujours de la souffrance.

Daniel Garcia : Mais pourquoi se sépare-t-on ?

Brigitte Lahaie : Là est toute la question ! Se sépare-t-on parce que l'on n'a plus de projets communs, qu'on a l'un et l'autre évolué dans des directions différentes ? Dans ce cas, oui, la séparation s'impose. Mais si on se sépare simplement parce qu'on ne supporte plus l'autre, qu'on l'a pris en exécration, alors on reproduira le même schéma dans deux ans, dans cinq ans ou dans dix ans. C'est pourquoi, de même que nous avons évoqué l'utilité qu'il y aurait à restaurer les fiançailles, de même je crois qu'il serait bénéfique d'inventer une sorte de consultation avant toute séparation envisagée, afin de vraiment faire le point au sein du couple. Je suis frappée de voir que, très souvent, ce qu'on reproche à l'autre, c'est justement ce qui nous a fait l'aimer lorsqu'on l'a rencontré.

Père Patrice Gourrier : On doit, à mes yeux, tout tenter afin d'éviter cette séparation, d'autant plus s'il y a des enfants.

Daniel Garcia : Mais les désaccords peuvent aussi être plus profonds...

Brigitte Lahaie : Oui, et la sexualité en constitue un excellent indicateur, car c'est un peu la face émergée de l'iceberg. Quand la sexualité, dans un couple, ne fonctionne plus, ou s'essouffle, c'est bien souvent le signe d'un malaise plus profond. Bien sûr, il peut y avoir des exceptions : des couples qui n'ont plus ou peu de sexualité entre eux, mais qui partagent une grande tendresse. Cependant, la plupart du temps, lorsque la sexualité d'un couple défaille, c'est que les deux partenaires sont en train de s'éloigner l'un de l'autre. Il ne faut pas perdre de vue que c'est au lit, en faisant l'amour, que l'on se cache le moins à l'autre.

Daniel Garcia : Mais revenons à la séparation : c'est souvent la première la plus douloureuse...

Brigitte Lahaie : Oui, parce qu'elle signe en quelque sorte la mort d'un idéal. On aimerait tous tellement croire que le premier amour sera aussi le dernier. Mais il n'y a que le dernier qui sera le dernier ! Et cela, bien sûr, il faut du temps pour le comprendre.

Père Patrice Gourrier : On sait que le deuil, c'est une période, qui s'articule en deux temps. D'abord, un temps de déstructuration : on perd tous ses repères – dans un divorce comme après un décès. Puis un temps de restructuration, durant lequel on reconstruit sa vie sur d'autres repères. Plus rien ne sera jamais comme avant, mais la vie continue. Or beaucoup de gens, aujourd'hui, ont du mal à dépasser le temps de déstructuration.

Brigitte Lahaie : Cette phase de déstructuration que vous évoquez n'est pas seulement composée de tristesse, de nostalgie ou d'effondrement moral. La colère en fait également très souvent partie, à un degré ou à un autre. Quand, par exemple, une infidélité a provoqué la séparation, il est bon d'exprimer sa colère contre le partenaire. Le problème, c'est que trop souvent les gens n'osent pas la formuler, alors ils s'enfoncent dans la déprime. Pour rebondir, il est indispensable de savoir passer par le stade de la colère. C'est une phase nécessaire, qui permet d'évacuer. Sinon, vous ne ferez jamais le deuil de la séparation.

Daniel Garcia : Dans le cas d'un décès...

Père Patrice Gourrier : Le deuil commence par les obsèques. Par la prise en compte de la mort de la personne. Je suis très vigilant, dans mes homélies, à prendre en compte la mort, et à ne pas passer directement à la résurrection – même si je crois à la résurrection. Je me souviens, par exemple, d'avoir été un soir invité à dîner chez une femme qui avait perdu son mari depuis cinq ans. Lorsque je suis arrivé, elle m'a dit : « Michel et moi sommes heureux de t'accueillir. » Je lui ai répondu que ce n'était pas le cas et qu'elle me recevait seule, car son mari était mort cinq ans plus tôt. Cette mise au point était nécessaire. Pour elle, son mari était ressuscité, donc il n'était pas mort. Au bout de cinq ans, c'est tout juste si elle ne mettait pas encore son couvert à table ! Elle n'était toujours pas entrée dans ce que l'on appelle le travail de deuil.

Daniel Garcia : Vos auditeurs, Brigitte, vous parlent-ils de leurs deuils ?

Brigitte Lahaie : Non, assez peu. En revanche, beaucoup de veuves m'appellent, pour m'expliquer qu'elles ont du mal à retrouver un compagnon. Les hommes les fuient. C'est un réflexe sinon logique, du moins bien connu : un homme éprouve toujours des répugnances à épouser une veuve. Comme s'il y avait chez elle, de par sa condition de veuve, un côté maléfique qui risquait de le menacer à son tour.

Daniel Garcia : Alors qu'un veuf a moins de difficultés à se remarier ?

Brigitte Lahaie : Beaucoup moins. Par contre, bien souvent, la femme qu'il a retrouvée a du mal à s'imposer. À la fois face au mari et face aux enfants, s'il y en a, issus du premier mariage. Il est toujours difficile d'être à la hauteur, face à un mort. Mais je crois que c'est encore plus difficile quand vous êtes une femme qui remplace une autre femme.

Père Patrice Gourrier : J'ai eu récemment le cas d'un veuf, venu me parler de sa nouvelle épouse, contre laquelle il s'emportait sans cesse. En gros, il lui reprochait de ne pas être comme sa première femme. La vérité, c'est qu'il cherchait à reconstruire sa précédente histoire. Je lui ai montré qu'en se remariant il construisait autre chose.

Brigitte Lahaie : La mort d'un conjoint est un traumatisme. Mais celle d'un enfant en est un autre, bien pire, et qui entraîne dans de très nombreux cas la séparation du couple. Malheureusement, je ne connais pas de recettes pour tenter de surmonter cette difficulté. Les deux parents ne font pas le deuil de leur enfant à la même vitesse et de la même manière. Peu à peu, ils se retrouvent dans deux mondes différents, entre lesquels ils ne parviennent plus à communiquer. Et leur sexualité, bien sûr, est très affectée. Dans ces cas-là, il est presque impossible de franchir l'abîme qui s'est creusé entre les deux conjoints. Mais bon, on ne va peut-être pas finir sur une note aussi triste ?

Daniel Garcia : Pourquoi pas ? Nous avons tout dit, non ?

Conclusion

Daniel Garcia : Au terme de ces entretiens, j'ai envie de vous demander, à l'un et à l'autre, ce que vous en avez retiré. Père Gourrier, par exemple ? Comment jugez-vous votre confrontation avec Brigitte Lahaie ? Est-elle conforme à l'idée que vous vous en faisiez, ou vous a-t-elle surprise ?

Père Patrice Gourrier : En vous écoutant, plusieurs points me viennent à l'esprit. Tout d'abord, et comme je l'avais annoncé en préambule, nous n'avons ni l'un ni l'autre cherché à masquer nos différences. Bien au contraire ! Même si notre dialogue a été respectueux de part et d'autre, il a constitué comme vous l'avez dit vous-même, une véritable confrontation. C'est là que réside son intérêt, et c'est grâce à cette confrontation que les lecteurs, catholiques ou non, pourront se forger leur opinion. Ce premier point me semble fondamental. En effet, je n'ai jamais oublié ce que m'a dit un jour un membre de l'Académie de sciences : pour ce savant, les grandes découvertes à venir n'allaient pas naître au sein de chaque discipline (Chimie, physique, biologie...), mais à la jointure de celles-ci, là où les concepts se frottent. Nous n'avons donc pas à avoir peur, nous catholiques, de ces frottements avec le monde, aussi risqués soient-ils, et nous ne devons surtout pas tenter de les éviter en nous repliant sur nous-mêmes. Cette tentation du repli sur soi est grande, actuellement, et le communautarisme nous menace. Ainsi, si je le voulais, je pourrais en tant que prêtre ne côtoyer que des catholiques, ce qui, vous l'avez sans doute bien compris, n'est pas dans mes projets ! Le deuxième point, que j'aimerais souligner est un paradoxe qui m'est apparu dans toute son acuité dans le cadre de nos échanges. Ne trouvez-vous pas en effet paradoxal que, lorsque l'église défend la vie, et c'est notamment le cas dans le cadre de l'avortement, elle soit critiquée avec violence, alors que l'opinion publique est prête à s'émouvoir dès qu'il s'agit de défendre la cause animale ? Ce paradoxe, un parmi d'autres, ce déchirement que les croyants sont appelés à vivre, le Christ lui-même nous l'avait annoncé, lorsqu'il a dit à ses disciples qu'ils étaient *en* ce monde, mais pas *de* ce monde. Ainsi, les valeurs que nous portons transcendent le monde. Elles ont pour postulat de départ, et j'espère avoir été suffisamment clair pour que les lecteurs le perçoivent, une très haute opinion de la personne humaine. L'Homme, je le répète, est aux yeux d'un disciple de Jésus le sommet de la Création. Cela a fait dire à un mystique chrétien du XVIIe siècle, nommé Angélus Silésus, que sur terre, « Il n'y a qu'en l'Homme que Dieu peut se contempler ». Dès lors, et je l'ai expliqué dans mon précédent ouvrage, intitulé *Lettre ouverte au prochain pape*, tout ce qui blesse la nature, blesse l'Homme, car c'est à lui que la nature a été confiée, et c'est pour lui qu'elle a été créée. Et tout ce qui blesse l'Homme, blesse Dieu, car l'Homme a été créé à l'image de Dieu.

Daniel Garcia : On retiendra, en effet, de vos interventions, ce leitmotiv : l'Église n'est pas contre l'Homme, elle se bat pour lui...

Père Patrice Gourrier : Le sang versé par de nombreux martyres, à travers le monde, me semble en constituer plus qu'un début de preuve... Il revient dès lors à l'Église la responsabilité, et c'est mon dernier point, de ne pas apparaître aux yeux de nos contemporains comme un « père Fouettard », lançant invectives et condamnations, mais d'être au contraire à l'image du Christ, plein de patience et de douceur, comme nous l'explique Basile de Césarée au IVe siècle. Condamner, menacer, ne sert à rien. Éduquer me semble être plus évangélique. Au terme de cet ouvrage, je mesure plus que jamais combien la tâche est immense, et combien la parole de l'Église est nécessaire...

Daniel Garcia : Et vous, Brigitte, qui avez en quelque sorte rempli ici le rôle de la « pécheresse », que retirez-vous de ce dialogue ?

Brigitte Lahaie : Comme l'a expliqué plus haut le père Gourrier, notre rencontre remonte à deux ans, le jour de la Saint Valentin, fête des amoureux. Le père Gourrier défend l'amour de Dieu, je défends l'amour des sexes. Je comprends que cette rencontre paraisse incongrue à beaucoup, et pourtant ce jour-là nous étions tous les deux d'accord sur la nécessité de redonner du sens au lien qui unit un homme et une femme, que ce soit devant Dieu ou devant Monsieur le Maire. Somme toute, il s'agit de deux représentants de l'ordre dans notre société actuelle ! Mais sa suggestion de faire un livre d'entretiens avec moi m'a d'abord laissé sceptique. J'ai donc demandé à réfléchir. Lors de notre deuxième rencontre, nous avons conversé dans un café quelques heures, et je dois dire que le père Gourrier m'a tout de suite « séduite » par sa naïveté, sa soif d'idéal qui en font un homme fondamentalement bon. La suite m'a largement prouvé que j'avais eu raison de me fier à mon intuition.

Daniel Garcia : Bref, rien de rien, vous ne regrettez rien ?

Brigitte Lahaie : Non seulement je ne regrette pas d'avoir eu avec lui cet échange à maints égards fructueux, mais finalement, contrairement à ce que bon nombre pourraient penser, notre rencontre n'a rien de la rencontre impossible. Je pourrais vous rappeler à quel point les extrêmes se rejoignent mais je préfère cette autre évidence si souvent négligée : la religion et le sexe sont les deux drogues les plus efficaces et les plus positives pour évacuer notre angoisse existentielle. J'ai largement abusé du sexe et je me suis, à un moment de ma vie, plongée dans la spiritualité. Aujourd'hui, je tente de faire la synthèse des deux et je dirais que, pour être mature et libre d'aimer, il faut être en accord avec ces deux extrêmes, notre soif d'amour, et notre besoin d'être relié aux autres. Le sexe comme la religion (ou la spiritualité) nourrissent cet appétit. Je rajouterai qu'il y a un autre élément qui nous aide à vivre, face à nous-mêmes mais aussi face à la société, c'est notre besoin de repères, d'ordre en quelque sorte. En ce sens, la religion constitue un rempart formidable, elle permet à nombre d'entre nous de dicter des règles de conduite. Pensez à ces fameux Dix Commandements, toujours d'actualité.

Daniel Garcia : En même temps, vos échanges ont parfois été vifs...

Brigitte Lahaie : Oui. Parce que, et c'est là que nos avis divergent, la religion chrétienne – comme toutes les religions – évolue trop lentement par rapport à la société, et privilégie presque toujours l'espèce plutôt que l'individu. Or, je crois à la capacité de chacun d'être libre tout en étant responsable. C'est pourquoi, parfois, je me suis surprise à « agresser » le père Gourrier un peu plus que je ne l'aurais voulu, mais certaines de ses paroles me semblaient bien trop dogmatiques. Depuis bien longtemps, je milite pour une liberté intérieure. J'y suis à peu près parvenue en ce qui me concerne, et il me semble que puisque j'ai réussi, moi « pauvre pécheresse », comme vous le disiez tout à l'heure, chacun de nous peut également parvenir à trouver son maître intérieur. C'est en tout cas ma profession de foi...

Table des matières

Cet ouvrage a été imprimé par la
SOCIÉTÉ NOUVELLE FIRMIN-DIDOT
Mesnil-sur-l'Estrée
pour le compte des Éditions Flammarion
en septembre 2007

Composition et mise en page

NORD COMPO
multimédia

Imprimé en France
N° d'édition : L.01ELIN000118.N001 – N° d'impression : 86911
Dépôt légal : octobre 2007